U0021131

藍學堂

學習・奇趣・輕鬆讀

圖解
存款

地表最簡單的

利率教科書

想讀懂財經新聞、掌握經濟趨勢、
投資理財不犯錯，你要先學會利率！

角川總一 —— 著　方瑜 —— 譯

從圖解更快上手利率基礎

Mr.Market 市場先生｜財經作家

www.rich01.com

為什麼需要了解利率？

原因是，利率對我們個人的資產價值影響巨大。

舉幾個例子：

1. 一輩子努力工作累積的儲蓄，每年會隨時間因通貨膨脹而貶值。

2. 對大多數人來說，最大的資產是「不動產」，無論是持有或打算未來購買。一個國家長期的利率政策，對貸款成本與未來房地產價格都影響很大。

3. 在投資裡面，無風險利率是投資最重要的機會成本。先有機會成本觀念，再做投資規劃；和對利率完全不熟悉就投資，兩者的投資決策可能完全不同。

無論是工作、買房、投資，利率看起來雖只有幾個百分點的小小數字，卻可能有決定性的影響。

利率的重點，我認為以下兩點特別重要：

1. 認識美國的利率政策，不同時期利率變化的原因，以及利率變化時，會對其他國家及各種資產造成的影響。

2. 認識自己國家利率政策的特性。

本書作者是日本人，因此提到利率時，許多案例都是用日本央行為例子。但站在全球角度，目前全球影響力最大的，是美國央行的利率政策。

近年美國聯準會從 2020 年疫情時將利率降到接近 0%，以及 2022-2023 年為了對抗通貨膨脹，快速將利率調整到 5% 以上，對全球經濟及對股票、債券價格都有顯著的影響。

而除了美國的利率變化以外，本國央行利率政策的特性，也是另一個影響關鍵。因為未來雖然難以預測，但有些環境條件是不會短期就發生改變的。

例如，像本書作者身處日本，受限於泡沫經濟後的經濟低迷、GDP 低落的情況，長期採取接近零利率的政策。

或者像我們身處在台灣，出口是經濟最重要的一環，因此雖然不至於零利率，但同樣長期保持相對低利率的政策。

了解這兩點，有助於我們對於個人與家庭未來的資產配置，做出長期相對有優勢的計畫。

本書帶你從基礎開始認識利率

　　許多利率機制的影響是層層傳遞，單純用文字講解非常複雜，但用圖解方式，會好懂很多。

　　例如，央行如何透過調整自身對利率的目標，進而影響到銀行，再影響到企業與個人會使用的各種利率。透過書中圖解，可以讓你更簡單的認識整體經濟的結構。了解這些架構，未來如果想閱讀其他利率相關書籍，也更容易上手。

2 小時從零開始學利率的最佳讀本

　　想要更精打細算，選對最划算的定存和貸款方案；希望多了解財經新聞出現的關鍵詞，看清經濟趨勢，做出對自己有利的投資決策；希望能創業，公司順利誕生、壯大。這些事都跟利率脫離不了關係。

　　利率到底是什麼呢？就是當下需要用錢，而以未來多還錢，也就是利息當成交換條件的機制。利率雖無法準確預測，但影響利率漲跌的不同力量會反映在利率的波動上。當你了解利率高低起伏的因素，並加以評估這些力量，就可以幫助自己做出合理的理財、投資判斷。

　　例如，自 2022 年 3 月聯準會啟動升息 11 次以來，目前已在利率高點，因此全世界大多預期美國會在往後慢慢降息。在這個時間點，你若判斷降息機會比較大，剛好又有貸款需求的話，選擇機動利率比較有利。若同樣時機點，也有同樣判斷時，在這時又剛好有一筆錢定存，那麼選擇固定機率能賺比較多利息。

　　我們可以把利率當成調整景氣的水閥開關。一國的中央銀行會觀察景氣狀況，透過像是買賣國債、調升或調降利率來試圖影響現金的流向，進而讓景氣回升或降低通膨。

若從投資的角度看來，利率的波動取決於經濟的變化，且相對於許多經濟指標，反應更為迅速、敏感、即時，透過掌握利率與股價、債券價格、物價、匯率的各種因果關係，比較能全面性掌握經濟情勢，做出對自己和企業的有利決策。

　　接著，依序介紹內文各章節重點和內容。序章點出利率的定義，掌握利率的 4 大好處，為本書畫龍點睛。第 1 章則是介紹利率的相關基礎，提到利率種類、利率如何決定，以及可以將各種投資標的和打折、集點的日常商業行為換成利率、報酬率的概念來計算。第 2 章說明利率機制與整體經濟環境的關係，解釋這些機制相互作用的原理和特色。

　　第 3 章則聚焦在「債券」上，解釋牽一髮動全身的10 年期公債殖利率的重要性，如何計算殖利率，長期和短期利率是什麼。第 4 章提及對利率有影響的各種層面：中央銀行、聯準會、機構投資者、散戶資金等的作為。第 5 章則是希望讀者能趁勢（利率）而為，配合不同經濟週期一併判斷未來經濟趨勢。第 6 章則是提醒讀者，留意生活中可能遇到的利率概念問題。

　　本書內容雖穿插日本情況，但台灣人可參考並獲得啟發。為了便於台灣讀者閱讀，我們在書末附錄補充相關內容，讓讀者能大致掌握方向，若想知道更多細節，也可參照參考資料。

目次

【圖解】地表最簡單的 利率教科書

Contents

推薦序　從圖解更快上手利率基礎
　　　Mr.Market 市場先生 ……… 2
編輯室的話 ……………………… 5
前言　利率就在我們的日常生活中
　　　………………………… 12

序章

換上利率眼鏡，
看到全新錢錢世界

01 1,200年前就存在！利息到
底是什麼？ ……………… 16

02 利率是以將來的金錢當成
交換條件 ………………… 18

03 了解利率運作機制，世界大
不同！ …………………… 20

第 1 章

你應該知道的
利率基礎

01 利息分為「借入」與「借
出」 ……………………… 24

02 所有投資皆以「利率、報酬
率」為衡量標準 ………… 26

03 誰都可以透過銀行存款，賺
取利息 …………………… 28

04 銀行為何要對存戶加計利
息？ ……………………… 30

05 利率如何決定？ ………… 32

06 利率的計算方式有「單利」
和「複利」 ……………… 34

07 利率合約可區分為「固定利
率」和「機動利率」 …… 36

08 利率可分為「短期」與「長
期」 ……………………… 38

09 日常購物也隱含利率機制
………………………… 40

專欄 No.1
從漢字起源解讀利率的根源 …… 42

第 2 章

與利率變化緊密相關的機制

01 利率波動具有推動經濟的
影響力 ……………… 46

02 利率變動時，誰獲利、誰損
失？ ……………… 48

03 長期利率的基本變動因素
是「貨幣供需平衡」 ……… 50

04 中央銀行間接控制短期利率
……………… 52

05 物價若上漲，「理論上」利率
也會上升 ……………… 54

06 考慮通貨膨脹率的「實質利
率」 ……………… 56

07 利率若「走高」，則股價「下
跌」 ……………… 58

08 若股價「提升」，則利率也
「上漲」 ……………… 60

09 公司有兩種：易和不易受利
率變動影響 ……………… 62

10 為什麼美國升息會加速新
台幣貶值？ ……………… 64

11 外匯行情影響利率走向的
機制 ……………… 66

12 以「4K1B圖」可視化經濟連
動關係 ……………… 68

13 從利率很快可以察覺雷曼金
融危機 ……………… 70

14 解讀經濟，「利率走勢」比
「多次修正的經濟指標」更
有效 ……………… 72

專欄 No.2
退休族「若利率下跌就麻煩了」 …… 74

第 3 章

利率選手代表！了解債券的運作機制

01 10年期公債殖利率是代表
性的長期利率 ……………… 78

02 以蔬果店為例，掌握債券是什麼？ ……………… 80

03 多種債券在債券市場上交易 …………………………… 82

04 嘗試計算10年期公債的報酬率 ……………………… 84

05 為何長期利率上升，則債券價格下降？ ……………… 86

06 為什麼銀行要購買負報酬的政府公債？ ……………… 88

07 長期利率變動領先短期利率變動 …………………………… 90

專欄 No.3
「美國公債暴跌」真的會發生嗎？
…………………………………………… 92

第 4 章

調控利率的參與者

01 什麼是「良性升息」與「惡性升息」？ ………………… 96

02 中央銀行制定影響利率的貨幣政策 ………………………… 98

03 調降利率，景氣也無法回溫！？什麼是「貨幣政策繩索理論」？ …………… 100

04 認為日本央行影響力下降的觀點 ……………………… 102

05 聯準會政策也會影響各國利率 ……………………………… 104

06 全球都擔心「以升息抵禦通膨」 ……………………………… 106

07 透過發行政府公債影響利率 ……………………………… 108

08 以鉅額資金左右利率動向的機構投資者 …………………… 110

09 信用評等公司的評價導致債券利率變動 ………………… 112

10 企業資金需求與銀行貸款利率是一體兩面 ……………… 114

11 個人金融資產流向對利率影響重大 …… 116

專欄 No.4
負利率帶來「衣櫃存款」熱潮？ …… 118

第 5 章

將利率走勢
活用於經濟預測

01 可用於經濟預測的3種利率 …… 122

02 標示利率走向的「殖利率曲線」…… 124

03 引發景氣循環波動的「信貸週期」與「貨幣政策循環」…… 126

04 信貸週期是「銀行融資態度」的週期循環 …… 128

05 將「公司債利差」用於預測景氣衰退 …… 130

06 以四季比喻貨幣政策循環 …… 132

07 長短期利率差距縮小是景氣衰退的徵兆 …… 134

08 從名目GDP，解讀長期利率趨勢 …… 136

09 為什麼日本的利率低於歐美國家？…… 138

10 關注央行貨幣政策會議的結論 …… 140

11 從期貨交易價格，解讀利率走向 …… 142

12 解讀利率與經濟動向的5項經濟指標 …… 144

13 留意解讀「重要人士談話」的訊息 …… 146

專欄 No.5
經濟預測的重要3步驟 …… 148

趁勢（利率）而為

08	活用高利率、低手續費的「純網銀」	166
09	透過年繳預付可以繳少一點	168
10	利率仍維持高點！「旅遊券」、「百貨公司之友會」的儲備金	170
11	何者更划算？「10%折扣」與「10%集點回饋」	172
12	負利率會波及存款戶嗎？	174
13	股票投資重視的「現金股利殖利率」	176
14	試算房地產投資的報酬率	178
15	導出「實質報酬率」來比較基金投資	180

第 6 章

日常生活中實用的利率機制

01	機動還是固定？你怎麼選房貸利率？	152
02	貸款提前清償，改善家庭收支	154
03	降低貸款利率的「貸新償舊」	156
04	超高利率外幣存款的玄機	158
05	固定利率商品中暗藏的「錯失收益風險」	160
06	落入循環型信貸的利率陷阱	162
07	超過上限的「超額利息」可請求退還	164

| 專欄 No.6 | |
| 反映時代變遷的各種稅目 | 182 |

結語　利率是解決複雜資金問題的最佳夥伴	184
KEY WORD索引	186
主要參考文獻	192
台灣情況附錄	194

利率就在我們的日常生活中

聽到「利率」一詞，各位讀者會聯想到什麼呢？如果是曾經以房屋貸款融資或具有投資經驗的讀者，也許會感到十分熟悉；但沒有這些經驗的讀者，或許會抱持著「利率與我無關」的印象。

即使看到「升息、降息」的新聞，若是無法想像利率升降，具體而言將對自己的日常生活產生何種變化，很難對利率感到興趣也是理所當然的。

另一方面，若是聽到「物價」一詞，你又會有什麼反應呢？由於比起利率，物價對每天的日常生活有更直接的影響，應該有許多讀者十分關心日用品或公共事業費用等價格上升的新聞。

在本書中我也會詳加說明，其實物價上下波動的機制相當程度上受利率變化的影響。換言之，若能夠理解利率變化機制對於物價造成的影響，只要查看利率，便能夠研判接下來的生活將會產生什麼變化。

此外，不僅是物價，利率與匯率與股價，以及景氣等所有的經濟要素都密切相關。若你有「想要知道經濟的機制怎麼運作」、「想更善於理財」等想法，我建議一定要理解利率的運作機制。利率對於經濟整體的影響就是如此重大。

本書以豐富的插畫與圖解，說明了潛藏在經濟社會中所有角落、具有重大影響力的利率運作機制。讀完本書的讀者，若能把利率當成夥伴隊友，藉此增進並豐富自己每天的生活或商業營運，將是我無上的喜悅。

角川總一

序章

換上利率眼鏡，
看到全新錢錢世界

有了利率機制，
個人生活才能負擔大筆消費，
企業才有機會誕生，可能投資大型設備。
利率也跟物價、匯率、股價、景氣都有關係，
讓我們來初步了解利率吧！

1,200年前就存在！
利息到底是什麼？

我們在日常生活與新聞中經常聽到「利息」。
此機制在1,200年前的日本，就已經存在，讓我們迅速掌握！

一言以蔽之，就是「借錢的費用」

正如同把東西出租給其他人可以收取租金般，**把錢借給其他人時所產生的租借費用**，稱為利息。

POINT 2　1,200年前存在於日本的利息運作機制

　　在8世紀左右的古代日本，據稱存在「出舉」制度的利息運作機制（請見附錄序-1）。在出舉制度中，國家或地方的有力人士，會將生產農作物所需的稻種租借給農民。而**拿到借來的稻種生產農作物的農民，到了秋天收穫期，便會加碼歸還農獲**。這被視為日本歷史上「利息」的開端。從當時到現在，**資金不足的人能夠借到所需款項，而在資金上有餘裕的人又能夠將款項借給他人賺取利息**，由於這對出借者與借入者兩方都有好處，利息的運作機制因此成立。

利率是以將來的
金錢當成交換條件

利率是為了「現在立刻能夠借到錢」，
而設定「以將來賺到的利息加碼奉還」的條件。

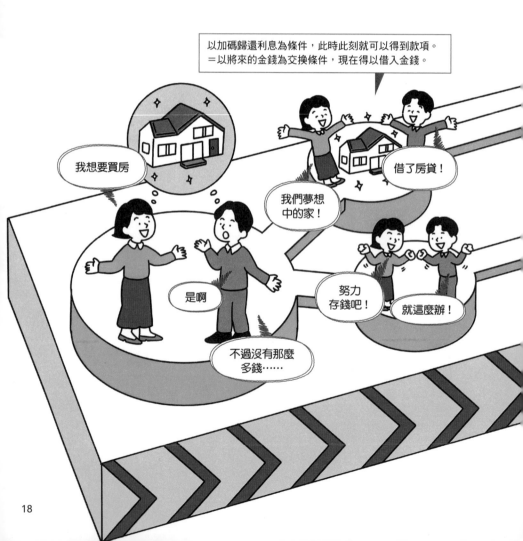

以加碼歸還利息為條件，此時此刻就可以得到款項。
＝以將來的金錢為交換條件，現在得以借入金錢。

我想要買房

借了房貸！

我們夢想
中的家！

是啊

努力
存錢吧！

就這麼辦！

不過沒有那麼
多錢……

　　以房屋貸款為例，可以知道設定了「未來會加上利息，返還借款」的條件，現在立刻就借得到款項，能夠蓋出自己的夢想家。因為借款人想要的金額可以馬上到手，而出借資金的人又能夠得到利息收入，這種機制才可能成立。有了這項運作機制，個人或企業能夠進行大額消費或設備投資。換言之，利息機制對於豐富人們的生活與活化經濟上，是不可或缺的。

了解利率運作機制，世界大不同！

理解與經濟整體深切相關的利息機制，
對於每天的日常生活或商業運作都大有助益。

能夠聰明借款
房貸或信用卡貸款等借入款項交易會產生利息。學習計算利息或利息的變動方式，能夠減少負擔的利息費用，保護自己免於破產風險。

利息其實超乎想像，是日常生活一部分呢

能夠有利運用資產

對出借資金方而言，能夠賺得利息收入。不論是以存款、股票或證券等何種形式進行資產運用，只要能具備利息相關知識，便能夠有自信的進行投資判斷。

因為我預期升息力道會加強

為什麼你會這麼想呢？

能夠預測經濟未來走向

利率變化呈現景氣的未來走向，也具有左右景氣未來走向的影響力。理解利率的變化，我們就可以預測景氣前景，同時進行營運管理工作。

年利率40%喔！

我只告訴你們

能夠降低金融糾紛的風險

高額的詐騙案，不論何時都不會絕跡。但你若能理解利息的運作機制，很多時候就能發現對方的話術。

這太危險了

詐騙老是不斷發生呀

為了在複雜的經濟社會中聰明生存，利息的運作機制成了必要知識

21

第 1 章

你應該知道的
利率基礎

利率，其實比大家想像的
更常出現在我們的日常生活中。
利率的運作機制是如何推動與改變這個世界，
又會對我們的生活與商業營運帶來什麼影響，
就讓我們來解說吧。

第❶章

01 利息分爲「借入」與「借出」

借入款項的時候，支付利息，借出款項的時候，收取利息。

　　我們身邊有各式各樣的利息種類，大致可區分為「借入利息」與「借出利息」。使用房貸或信用卡貸款時的利息，由於是借入款項時所支付的利息，所以是「借入利息」（費用）。**若以「利率〇%」的方式來表示，便是本金（借入金額）的〇%為利息。**例如，借款100萬元利率1%，則本金100萬元的1%＝1萬元為利息。這是借款方作為借入金錢的租借費用所支付的利息。

支付利息（費用）與收取利息（收入）

夢想中的家！

是申請35年的房貸喔

本金 ＋ 利息費用

銀行

借入利息（費用）
借入房貸或信用卡貸款時所附加的利息（費用）。若以「利率〇%」的方式表示，在本金之外，還要加碼負擔本金（借款金額）乘上〇%＝利息費用。

另一方面，當我們購買股票或債券等金融商品、進行投資時，相對於投入的**資本**則會產生「借出利息」（收入）。借出款項時，我們會從借款方獲得租借費用。此外，閱讀銀行廣告或證券公司的文宣小冊，應該會看到上面記載的利率相關資訊，如「**利率**」、「**利息費用**」與「**利息收入**」等似乎十分相像的詞彙。或許各位讀者覺得有些混亂，但其實這幾個詞彙在實務使用上並未有明確的區分。利率是計算利息費用的基準，以％來表示。利息收入與利息費用其實是一體兩面的同義語，對於借出款項方來說是利息收入，但對借入款項的一方而言，則為利息費用，在實務上也可以如此分別使用。

借出利息（收入）
購買股票或債券等金融商品時，以提供款項的這一方而言，能夠獲得利息收入，是相對於投入資本的利息費用。

所謂利息就是金錢的租借費用，所以對借入款項的一方而言，是支付利息費用；對提供款項的一方而言，則是收取利息收入

02 第❶章

所有投資皆以「利率、報酬率」爲衡量標準

即使是種類相異的投資標的，
只要以利率作爲衡量標準，就能夠比較資產運用的績效。

　　股票、債券、不動產、外匯（FX）等，世界上雖然充滿了各式各樣的投資標的，但不論何者，都是以「利率、**報酬率**」爲共通的衡量標準。**所謂報酬率是代表「投入資本在一定期間內，可以產生多少%的收益」的數字，在沒有特別限制或註明的狀況下，以「報酬率＝年報酬率（1年間）」來思考通常不會有問題**。運用利率、報酬率此一衡量標準，可以量化投資獲利情況，並判斷是否值得投資。

測量投資成績的 「共通衡量標準」

依照利率、報酬率的衡量標準，來比較股票與不動產眾多種類標的的投資成績。

①以100萬元進行股票投資，3年後以110萬元出售股票。

在投資期間得到共3次、合計1萬1,000元的股利。

②向銀行貸款投資出租用公寓，5年後以相同金額售出。

在投資期間合計得到相當於投入資本15%的租金收入。

①與②的投資期間不同，②也沒有明確提到投入資本的金額。但若是想要知道何者的投資績效較佳，只要掌握「**1年期間內，獲得了相當於投入資本○%的收益**」，便可比較。在這個案例中，①的年化報酬率為3.7%；②的年化報酬率則為3%，因此我們可以說①是比較好的投資選擇。

哪一種投資績效比較好？

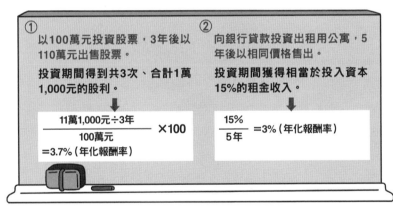

誰都可以透過銀行存款，賺取利息

第①章 03

幾乎所有人都藉由銀行的活期存款，賺取利息。

　　雖然能夠想像借款時要支付利息（費用），但或許會有人認為「借出款項時的利息」（收入）與自己無關。但是，其實**銀行的活期存款也會付息，所以幾乎所有的人都有「收取借出款項利息」的經驗**。由於可以隨時提領存款，因此很容易有將錢交給銀行「保管」的感覺，但所謂的存款也就等於把錢「借給」銀行。

存款＝將錢借給銀行

銀行存款也有利息！？

可以說幾乎所有人都有收取利息的經驗耶！

○X銀行

雖然把錢存進銀行強烈的給人將金錢交給銀行「保管」的感覺，但其實就等同於將錢「借給」銀行

2023年1月，日本的活期存款一般而言年利率約在0.001%左右（台灣情況請見附錄1-1）。若存款100萬日圓，1年約可賺得10日圓利息，而且還要扣除稅金，所以實際得到的金額大概是8日圓左右。也許是低利率的影響，許多人並沒有因存款而有真實賺到利息的感覺。此外，許多銀行也有活期存款之外的「**定期存款**」項目。1個月、3個月或1年等，是事先決定好**存款期間**的選項。**相對於活期存款可以自由、任意的提領，定期存款在存款期間內則無法自由提領，因此設定了較活期存款更高的利率。**

定期存款的利率較活期存款更高

幫我保管吧

幫我保管1年吧

我必須要提款了

不解約，就無法提款啊

匯款轉房租吧

賺到了比活期存款更多的利息收入喔！

活期存款

定期存款

定期存款由於在一定的存款期間內無法自由提領，因此設定較活期存款更高的利率，當成報酬

第❶章
04

銀行為何要對存戶加計利息？

雖然存款的利息與往昔相較低了許多，
但銀行為何要對存款加計利息呢？

　　銀行的經營目的在於盡可能匯集更多資金，以此當成本錢，更進一步增加持有的資金。**將匯集的金錢，融資給企業或貸款給個人等出借款項來賺取利息收入，並透過買賣股票與不動產等來提升收益**。若完全沒有現金，要購買股票或不動產非常困難，所以銀行當然是希望手頭上的資金多多益善。銀行為了要盡可能聚集大量資金，便對存款加計利息以吸引顧客。

存款是銀行經營的本錢

把錢拿去存起來吧

開始定期存款吧

因為利率比活期存款高嘛

去把錢提領出來吧

由於存款是銀行匯集資金重要的方法之一，所以多少加計利息是理所當然的。此外，我曾說明日本的活期存款年利率大約是0.001%，若假設**房貸**的利率為1%，兩者差異便是1,000倍。**銀行便是這樣透過「借入利息」與「借出利息」之間的差異來產生收益。**除了存款以外，銀行還有許多匯集經營本錢資金的方法，像是處理兌換美金或歐元外國貨幣「**外幣匯兌**」時的手續費等。

請務必讓本行承做汽車貸款

我想要買新車

買下這塊土地吧

請找我們商量

我們可以談融資

就這麼辦吧

我們正在進行大規模的設備投資計畫

銀行的商業模式就是把顧客存款等匯集到的資金，拿去用在融資或增加投資循環上

第❶章
05

利率如何決定？

大家都說「利率上升」、「利率下降」，
但利率是由誰決定的呢？

　　利率有許多種類，而它們是如何被決定的呢？我在第3章會詳盡解說，不過在利率的世界中，最容易引發關注的是「債券」。**若以債券而言，政府發行國債時，是由財政部來決定利率。不過此種狀況，與其說是「決定」，可以說「被決定」才更接近現實。**政府公債與股票相同，都可以在**債券市場**中自由買賣交易。因此新發行的國債利率無法由財政部獨斷決定，而是必須觀察市場動態來設定適當的利率，所以稱為「被決定」更恰當。

依據市場價格決定「國債利率」

發行新的
10年期國債吧

殖利率1%！

財政部

是1%

10年公債殖利率，
目前在市場中如何？

國債殖利率無法由財政部獨斷決定，而是以市場中的交易利率為基準「被」決定的

此外，在第2章會詳盡說明，由**中央銀行**所決定的「政策利率」，則是由中央銀行所「決定」的利率。政策利率到最終定案之前，中央銀行會先藉由與民營銀行交易買賣國債，來調節中央銀行內部各民營銀行的帳戶餘額。如此一來，銀行間資金互相借貸的「**拆款市場**」中交易的供需平衡會發生變化，從而「**拆款利率**」也會有所變動。此一利率稱為政策利率，為了實現中央銀行的目標貨幣政策，藉由國債的買賣進行管控。貼近我們日常生活的銀行存款或房屋貸款的利率，也是由銀行根據此政策利率的走向變化來決定的。

中央銀行設定的「政策利率」

33

第❶章 06

利率的計算方式有「單利」與「複利」

金錢借貸往來的計息，
可以分為「單利」與「複利」兩種計算方式。

在利息的計算上，可以區分為僅針對本金持續計息的「**單利**」，以及將本金及產生的利息都加計下一期利息的「**複利**」兩種。例如，以年利率2%將100元借給他人時，在1年後將加上2%的部分成為102元。**若為單利，則在下一年也僅針對本金100元加計利息，故增加的部分仍為2元。另一方面若是複利，則是以第1年加計2%利息後的「102元」為基礎來計算第2年的利息，所以第2年要加上102元的2%，即2.04元。**

利息以滾雪球方式增加的複利

換言之，複利的運作機制可以說是「本期利息金額會累計進入下一期的本金當中」。單利與複利，隨著時間推進會產生巨大的差異。例如，以年利率2%將100萬元借給他人。若為單利計息，則1年後加上2%為102萬元、2年後為104萬元、3年後則為106萬元，每一年都會增加本金的2%＝2萬元。若以複利計息，由於1年以後是以前1年的本利和102萬元計息，所以2年後會增加為104萬400元，3年後又會再增加為106萬1,208元。在3年後的階段，單利和複利會產生1,208元的差異；若經過20年，差別會膨脹為8萬5,947元。

隨著時間累積，差異會愈來愈大

本金：100萬元　利率：年息2%

	單利	複利	差異
1年後	102萬元	102萬元	
2年後	104萬元	104萬400元	0元
10年後	120萬元	121萬8,994元	400元
20年後	140萬元	148萬5,947元	1萬8,994元
			8萬5,947元

利上加利的複利機制，隨著計息年數增加，與單利之間的差異將愈拉愈大

第❶章 07 利率合約可區分爲「固定利率」與「機動利率」

在從事金錢的借貸往來交易時，
必須在固定利率與機動利率之間做出判斷與選擇。

在利率合約中，可以區分為**利率持續不變的「固定利率」，以及利率隨經濟環境狀況變動的「機動利率」**。日常生活中，有些銀行的定期存款商品，允許存戶可在固定利率與機動利率之間選擇。此外，就借款人而言，大多也都可以選擇固定或機動利率，例如房貸等。

配合經濟狀況，該「變」還是「不變」呢？

在固定利率中，有種商品是在特定期間內為固定利率，就像是「10年固定利率選擇」。此商品是在貸款成立的最初10年間，設計為固定利率，之後可以選擇繼續固定或變換為機動利率。**在固定利率與機動利率之間進行選擇時，必須預測利率未來將會如何變動，同時考量何者對自己更為有利**。若是「預測今後利率將會上升」，在定期存款等「賺取利息」的狀況中，選擇固定利率較為不利，機動利率反較有利。而在房貸等「支付利息」的狀況下，則完全相反。我將在第2章之後解說，重要的是大家在掌握、預判利率變動重點的同時，選擇對自己有利者。

「固定或機動」因狀況差異而有不同的損益

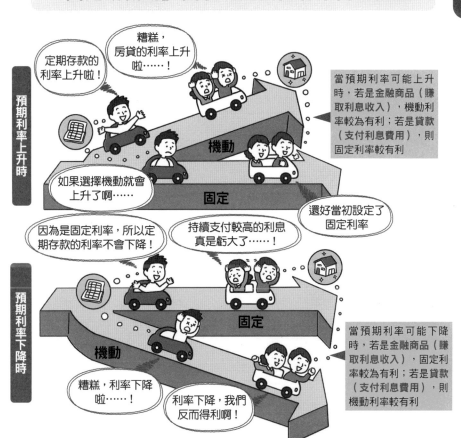

第❶章

08

利率可分爲 「短期」與「長期」

利率可區分為交易期間未滿1年的短期利率，與1年以上的長期利率。

利率依交易期間長短，可區分為「**短期利率**」與「**長期利率**」。**短期指不滿1年，而長期則是指1年以上**。短期利率又被稱為政策利率，如同第34頁所說明的，是由中央銀行管控。此一利率將影響活期存款或未滿1年的定期存款、機動型，以及短期固定利率型貸款的利率。這些都會因中央銀行的貨幣政策而上下變動。

交易期間的長度不同

由中央銀行管控

機動型／短期固定型房貸

未滿1年的定期存款

活期存款

短期利率（政策利率）

長期利率的代表性指標，是在債券市場進行交易的「**10年期政府公債**」的殖利率。此一利率因應市場供需平衡而變動，並會影響1年以上的定期存款與長期固定利率貸款的利率。短期和長期利率的變化，與我們日常生活中的定期存款和房貸利率密切相關，因此最好每天掌握變化。例如，當你看到中央銀行的升息觀測上升，預期短期利率趨勢將上升的新聞時，若你打算要展開為期3年的定期存款的話，比起選擇到滿期為止利率維持不變的固定利率型，選擇每半年**調整適用利率**的機動型，或許收取的利息收入會變多。

代表性指標為「10年期政府公債」，因應債券市場的供需平衡而變動。

長期固定利率貸款

1年以上定期存款

定期存款固定3年

長期利率

短期利率與長期利率的變動，都將影響我們日常生活中的各種利率

第❶章

09

日常購物
也隱含利率機制

在日常生活中，
也有許多利率相關知識可以派上用場。

　　利率相關知識不僅可以在評估存款、投資或貸款時派上用場。在每天的日常生活中，有許多情況可以運用利率的概念與思考模式。購物時的**集點**或**折扣**等，也都與利率機制有關。例如，在藥妝店原價1,000元的商品打9折以900元購買，相當於「900元×（1＋11／100）≒1,000元」，900元的現金增加了11%成為1,000元。**假設每個月有2次折扣，1年下來等於2萬1,600元增加為2萬4,000元，換言之，可以說相當於在年利率11%的投資上，投入2萬1,600元。**

折扣或點數都能換算為利率

折扣

例如，價值1,000元的物品，以9折900元購入，則可視為900元成長了11%，變成1,000元。若每個月折扣購物2次，1年下來就相當於將2萬1,600元的資金運用在年利率11%的投資上，增加為2萬4,000元。

打9折

原來我們
日常生活中就隱含著
利率機制！

此外，若在常去的二手書連鎖店，每個月使用60元的折扣與20元的折價券，則1年下來就節省了960元。若每月購物金額為350元（1年累計4,200元），省下960元後就是花3,240元。若將其視為3,240元成長為4,200元，則相當於投入3,240元在年利率約30%的投資上。**我們在日常生活中，若使用了100元的折價券，雖然會認為當天省下了100元，但若將「期間」與「本金」這兩個元素放進去，便可以計算出「利率與報酬率等衡量指標」。**將充斥在我們日常生活中的資金管理代換為「利率、報酬率」的衡量標準，就能以一貫的方式掌握資產管理、貸款還款、日常消費等相關項目。

折價券
若每個月使用1次價值20的折價券，1年可以省下240元。若每個月購物300元，則1年購物金額合計3,600元，節省240元後則為3,360元。相當於將3,360元以年利率約7%增加為3,600元。

如果代換為利率，便能用與其他的資產運用、貸款支付相同的衡量標準來進行計算比較

若知道「期間」與「本金」，便能夠換算為利率的衡量基準

降低固定費用
若將每個月的通話費由1,500元的方案變更為899元並使用1年，也可視為將899元以年利率67%進行投資而增加為1,500元。

column
No.1

從漢字起源
解讀利息的根源

先從字源解釋利息兩字。

「利」是由「禾」與「刀」所組合而成的國字。
禾指禾本科植物的粟，一般泛稱為穀物。也就是說，
代表以刀割下禾（穀物）的動作便是利。

「息」的古字形象為鼻子出氣，指氣息、呼吸。
呼吸表示生命的徵象，因此引申為繁殖、滋生。而利
息是指由本金衍生而出的，所以後來發展為利息。
　　兩字合併來看，所謂的「利息」，也就是以刀割
下穀物，而收割的穀物衍生為收穫換取利益，所以有
與「獲利」、「利益」等延伸字義連結之意。

利息此一概念的開端，被認為是來自於古代美索不達米亞所進行的稻種借貸，若是如此，則與漢字所呈現的來源也一致。

　　而在日本，如同第17頁的說明，「出舉」被視為是利息機制的開端。春天借入稻種，到了秋天收穫期再連同利息一併歸還；不過地方有力人士強迫農民借用稻種，收穫後必須歸還的利息一度高達50%，也曾留下這樣的歷史紀錄。

第 2 章

與利率變化
緊密相關的機制

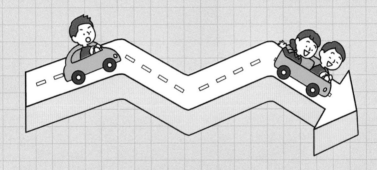

利率會受到各式各樣的因素影響而每天變動。
此外，因應利率波動，
其他的經濟指標也可能隨之變化。
在觀察何時利率會發生變化，
利率變動後會產生何種影響的同時，
要檢視利率與經濟整體的密切關係。

利率波動具有推動經濟的影響力

利率有操控社會整體貨幣流通量的功能，
因此對景氣影響重大。

　　利率有調整景氣過度變動的**穩定功能**（stabilizer）。例如，你可以想像利率像是調整供給水量的水管閥門。正如鬆開閥門，水流增強，關緊閥門則水流轉弱般；銀行透過利率來調整貨幣流通量，並進而影響景氣。**理論上來說，利率下降則貨幣流通量增加，景氣會更為活絡；反過來說，利率上升則貨幣流通量減少，景氣會變差。**以個人存款透過銀行管道流向企業為例，來了解貨幣政策的效果吧。

利率擔任閥門的角色

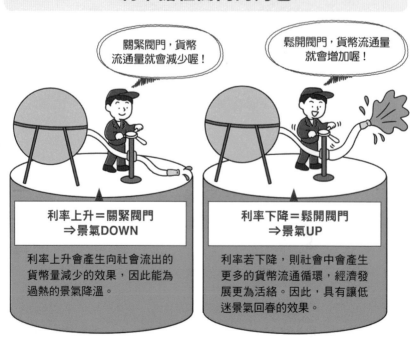

關緊閥門，貨幣流通量就會減少喔！

鬆開閥門，貨幣流通量就會增加喔！

利率上升＝關緊閥門
⇒景氣DOWN

利率上升會產生向社會流出的貨幣量減少的效果，因此能為過熱的景氣降溫。

利率下降＝鬆開閥門
⇒景氣UP

利率若下降，則社會中會產生更多的貨幣流通循環，經濟發展更為活絡。因此，具有讓低迷景氣回春的效果。

首先，個人與銀行之間有**存款利率**、銀行與企業之間則有**放款利率**。此時銀行的獲利來自於放款利息（收入）減去存款利息（費用）的差額（台灣情況請見附錄2-1）。例如，當銀行提高利率時，個人會盡可能將更多的現金投入存款、進行儲蓄。如此一來，銀行為了確保自己的收益，便也須提高貸款利率。因此，企業便不得不以比現在更高的利率來向銀行貸款，貸款的企業將會減少。**如此一來，社會中的貨幣流通量減少，景氣轉為低迷。相反的，當利率下降，個人便會放棄把錢投入存款而開始增加消費，企業也會積極貸款，經濟活動變活絡，大家預測景氣將會復甦**。但是，若利率的調節功能沒有順利運作，便會導致過度的通貨膨脹或通貨緊縮。

利率的上下波動控制景氣發展

02 利率變動時，
誰獲利、誰損失？

許多人都同時有存款與負債。
在這種狀態下，若利率有所變動，誰獲得利益、誰蒙受損失？

在金錢的借貸交易中，可分為放款方與借款方。一旦利率發生變動，必然會有一方獲利，另一方蒙受損失。例如，若是利率上升，則獲利的是放款方，蒙損的是借款方。那麼，借款方與放款方又分別是誰呢？實際上社會中幾乎所有人，可以說都身兼兩種身分。**許多人應該是銀行的存戶，同時又跟銀行借款或借學貸吧。這種狀態稱為存放款並存，可以說是利率變動導致得或失的關鍵，就在這兩者之間是否平衡。**

何謂「存放款並存」？

存放款並存是指一邊將錢借給銀行（存款），又同時向銀行借款。現代社會中，幾乎所有人都處於此種狀態。

為了將來，把錢儲蓄起來很重要啊

我有房貸，要繳35年；車貸則是7年

銀行

把錢交由銀行保管（借給銀行）的狀態

向銀行借錢的狀態

　　例如，當利率上升時能從中獲益的是，**手中借款金額低於存款金額的人。因為比起還款時所支付的利息，從存款上回收的利息金額更高**。那麼，在現今日本持續的超低利率政策下，若利率上升時，又是誰受惠和遭受損失呢？此時可以參考日本央行每1季都會公布的**資金循環統計**。從此統計資料，可以知道個人、一般企業與政府單位各自借款與存款的資金金額。根據2022年3月底的資料顯示，個人的存款金額大概是980兆日圓；個人的借款金額則約為360兆日圓。換言之，以個人而言，利率上升較有利。另一方面，企業的存款金額約320兆日圓，負債則是470兆日圓左右。政府的存款約為860兆日圓，相對的負債金額則高達約1,500兆日圓。由此可知對於企業或政府而言，利率上升將帶來沉重的打擊。

利率上升時的損益可由「資金循環統計」得知

當利率較現行狀況上升1%時

國民整體的錢包是這種感覺

存款980兆日圓
負債360兆日圓

拜託了～

這是我們支付的存款利息

太好啦！還剩下6兆日圓[*1]！

個人

由於個人資產原本就是存款＞負債，所以會產生較高收益。

麻煩了

珍貴的1兆5,000億日圓[*2]……

我們大概是這種感覺

存款320兆日圓
負債470兆日圓

原本負債就高於存款的一般企業，所以會出現重大損失。

一般企業

幫幫忙

我們回收負債的利息費用

6兆日圓[*3]！存款賺的利息全都沒啦！

政府的錢包大概是這種感覺

存款860兆日圓
負債1,500兆日圓

（存款資本＋利息）－（負債本金＋利息）

政府

政府的錢包，居然產生高達6兆日圓的重大損失。由此得知利率上升1%所造成的影響有多巨大。

*1：（980−360）×0.01＝6.2兆日圓
*2：（470−320）×0.01＝1.5兆日圓
*3：（1500−860）×0.01＝6.4兆日圓

03 長期利率的基本變動因素是「貨幣供需平衡」

利率上下漲跌的原因與物價的變動相同，都與需求與供給之間的平衡息息相關。

基本上，利率的上下波動是根據人們需求資金的程度所決定。
這與一般物價由供應與需求決定是相同現象。例如，你打算賣出
100部1部10萬元的電腦時，若有500人想購買，就可以將價格調高
為1部12萬元、15萬元……大家能預測價格將一路飆升至買方放棄
為止。如此一來，在物品供給需求增加的情況下，價格便會高漲。
利率也是如此，若想要借錢的人愈多，利率愈會隨之上升。

市場存在著供需平衡

需要＞供給

新電腦！沒想到10萬元可以買到這種品質喔！

需求量很大，我試著把價格提高為12萬元！

請借給我！

以利率1%放款給大家喔！

貴也沒關係，賣我賣我！

借的人很多耶

因為想借的人很多，我試著把放款利率提高一點試試

14萬元的話下不了手啊……

真的好想要！

14萬元好像也賣得出去…！

3%太高啦……！

因為立刻需要資金，高利率也沒關係！

需求大於供給，東西的價值就變高，利率也會提升

供給＞需要

1部10萬元喔！全新電腦！

我們借錢給大家！利率2%！

不然再把利率降到0.5%好了，請大家來借錢！

如果便宜再買就好

現在不需要資金

現在不買也沒關係吧

我不需要

完全賣不出去……！我們得把價格降到8萬元啊！

不需要資金啊

如果利率這麼低，不然先借一點吧……

若供給超過需求，就像清倉拍賣般，利率也會降低。

相反的，若生產了100部電腦，但只能找到50個買家的話，銷售商為了要售出所有商品，會將價格降至9萬元、8萬元……。利率也是，若想要借錢的人減少，則利率便會下降。利率因應需求與供給的平衡而變動，稱之為**市場機制**（market mechanism）。此一運作機制的關鍵在於，經常是**少數派**處於有利的地位。**當資金的供給量需求增加時，貸款的企業有壓倒性的有利地位；而當需求減少時，則是利用貸款服務者處於強勢地位。因此，利率並非由政府或中央銀行所單方面決定，基本上是取決於生活在社會中人們的動向，來維持利率平衡。**

市場機制是由少數派得利

我只會把錢借給覺得利率10%OK的人喔

誰要來跟我們家貸款嗎？

如果是我們家，利率只要5%就能借！

我們這邊是3%喔，拜託了！

利率好高……！不過我現在馬上就需要資金……

如果利率沒有降到2%，就不借囉

只能咬牙借下去……

看啊，利率下降了！

要跟哪一家借才好呢……

需求增加時

供給增加時

當需求增加時，屬於供給方的少數派便站在壓倒性的有利地位。

當供給量超過需求時，有需求的少數人便位居有利位置。

第❷章
04

中央銀行間接控制 短期利率

中央銀行並非直接決定利率，
而是透過調整市場供需平衡來操作利率。

中央銀行是執行貨幣政策的唯一金融機關。過去中央銀行雖表明以**官方利率**為主要手段，不過目前主要的短期利率政策是拆款利率（第33頁）。這套位居銀行間交易核心的機制，是只有金融機構才能參與，由拆款市場（第33頁）中的交易來決定利率高低。所謂的拆款市場，是指為了調整資金的過與不足，由放款金額超過存款金額的銀行（**資金短缺金融機關**）與存款仍有剩餘的銀行（**資金過剩金融機關**），進行資金借貸往來的即期交易市場。

金融機關相互進行短期資金融通

想借款的人太多，資金稍微有點不足啊

拆款市場是金融機關之間，進行短期借貸往來的交易市場

在拆款市場，跟其他銀行借一點吧

巨型銀行

我是來提款的！

地方銀行

我來存錢～

我想要投資設備，來借錢

請融資給我　我想存款　我們明天早上會歸還，有銀行可以借我們100億元嗎？　拿去吧～　存款的人很多啊

資金短缺金融機關
在瑞穗或三井住友等巨型銀行每天的交易中，由於放款金額超過存款金額，為了填補資金短缺，有必要暫時向其他銀行借錢。此種銀行就是資金短缺金融機關。

資金過剩金融機關
地方銀行等中小規模銀行，相對在資金上較有餘裕，所以可短期借出資金給資金短缺金融機關。此種銀行稱為資金過剩金融機關。

拆款利率是指在上述拆款市場中，由1天的交易供需平衡所決定。當中央銀行想操作銀行間拆款利率時，會介入拆款市場操作交易，讓利率接近自己的目標值。那麼中央銀行如何介入拆款市場呢？中央銀行業務項目之一，是從各金融機關買回中央政府公債的**國債買回操作**。這是透過各個金融機關必定持有的中央銀行**金融機構存款帳戶**，來進行購買公債的價款，會由中央銀行匯入此一帳戶。**換言之，若中央銀行調整、增加該帳戶的餘額，就能夠減少拆款市場中的借款需求，便可以讓利率降低；若進行反向操作，就可使利率上升。**中央銀行便是透過此機制來操作利率變動。

操作拆款利率的中央銀行

想要提高利率時

如果這麼做的話，拆款市場中的資金需求應該會增加

提高利率吧

若要提高利率必須增加在拆款市場中的資金需求，所以透過出售國債等來減少金融機關持有金融機構存款帳戶的餘額。

A銀行金融機構存款帳戶

很好很好……

中央銀行

那就透過國債賣出操作來抑制吧

不管是A或B公司，都必須融資給他們才行啊

A公司　B公司

金融機構存款帳戶的餘額減少啦

A銀行金融機構存款帳戶

感覺很不錯……！

明天就會歸還了！

間接提高利率囉

各銀行為了讓存款人安心，在中央銀行開設的金融機構存款帳戶中，預防萬一預先準備了一定金額的準備金。所以若該帳戶的餘額減少，銀行便需要在拆款市場進行資金調度。

請把錢借給我！

交易真活絡啊

由於資金需求增加，所以能夠提高利率～！

太棒啦！

中央銀行便是透過上述方式來控管利率。反過來說，當想要降低利率時，便會透過買回國債，向金融機構存款帳戶匯入大量現金進行調整，減少拆款市場中的資金需求。

如同前述，市場中的資金需求若增加，利率便會上升。

05
第❷章

物價若上漲，
「理論上」利率也會上升

近期在日本，「物價若上漲，
利率也會上升」的基本法則即將崩盤。

　　大家通常認為在至今為止的經濟發展中，物價的變動與利率的變化遵循類似的走勢。**基本邏輯是物價若上漲，那麼利率也會上升；物價若下跌，則利率也下降**。例如，在考慮購買新車時，若物價慢慢開始上升。這麼一來，大多數人即使資金尚未充分準備到位，即使減少儲蓄或借車貸，也會希望盡可能提早購車。如此一來，銀行會因放款的需求增加、存款減少，為了收到更多資金而提高利率。

「物價若上漲，利率也會上升」理論

而當物價上漲到一定水準時，人們生活會變得很困難，會導致景氣惡化。如此一來，中央銀行會為了抑制物價上漲，而提高政策利率。但是，據說此理論在近年來的日本經濟已不再適用了。即使物價上漲，利率也難以提高。**理由在於消費者觀念的變化。前述理論以「消費者在物價開始上漲時＝提前消費」為前提，但近年選擇「物價開始上漲時＝節約」的消費者卻增加了**。日本長期的通貨緊縮導致「物價不會上漲」，**通貨緊縮心態**因此根深柢固，加上大家對未來感到不確定都壓抑了消費。此外，另個理由或許是，透過網路拍賣或二手市場APP等，已建立了消費不挑新品的機制了。

根深柢固的通貨緊縮心態

第❷章 06 考慮通貨膨脹率的「實質利率」

在運用資金時,只單純以利率來判斷損益是不夠的,
大家也必須考量物價變化。

在第48頁中,我已經說明了當利率變動時,誰可能受惠,又是誰會蒙受損失。**但是,實際上在討論利率損益時,不能只注意已確定的牌告利率,還必須將物價的變動納入考量**。例如,當利率為1%,評估要將300萬元存入銀行,或者拿去買300萬元車的時候,若你判斷物價暫時沒有波動,那麼晚1年買車,存款將會增加303萬元。另一方面,由於車子價格沒有漲跌,因此就結果而言,就可以賺到3萬元。

何謂實質利率?

實質利率 = 名目利率（事先製定的利率） − 通貨膨脹率（物價上漲率）

考量通貨膨脹率（表示1年間物價上升的數值）,便可得出實質利率

那麼，若此時你預計1年之後，物價將會上漲3%，又會做出什麼決定呢？若選存錢的話，存款會由300萬元增加為303萬元，但車子的價格卻上漲為309萬元。以結果而言，反而產生了6萬元的損失。事先制定的「〇%利率」稱為**名目利率**，物價變動以**通貨膨脹率**（物價上漲率）呈現，而將物價變動納入考量的利率則稱之為**實質利率**。**實質利率可由「名目利率－通貨膨脹率」的公式得出**。借錢或進行資產配置時，著眼於實質利率來進行判斷，可說是非常重要。

為了不要蒙受損失，需確認實質利率

1年定期存款的利率為1%，預期通貨膨脹率為3%

先存1年定存，明年再來買車吧

通貨膨脹率是什麼啊……算了不管它

不只關注名目利率，而是著眼於通貨膨脹率，在避免損失上非常重要。

我明明清楚跟你說過通貨膨脹率了

1年後

車子價格上漲，虧到啦……

1年定期存款的利率為2%，預期通貨膨脹率為1%

太好啦！手頭還有剩下的資金！

因為你有好好考慮實質利率啊

1年後

若先存1年定存，就算車子價格上漲也還是有賺

不僅關注名目利率的數字，也著眼於將通貨膨脹率納入考量的實質利率，就能夠做出適當的判斷。

07 利率若「走高」，則股價「下跌」

一般而言，利率的變動也會影響股價。
利率的變動與股市密切相關。

　　利率變動與股價漲跌之間也存在著因果關係。一般而言，當利率率先上升時，會造成股價下跌。主要原因有二。首先，如本書至今為止的說明所示，第1個原因是因為對企業而言，利率上升會造成成本增加。**若利率上升，則企業將變得難以借入資金，對擴張事業的態度會變得比較消極，而收益或銷售額減少會導致業績變差。結果就是賣股的狀況增加而導致股價下跌。**

利率主導的股價變化

第2個原因在於，持有現金資產的優點擴大了。當利率高時，只要將現金存入銀行，資金自然會增加。因此，大家會傾向出售股票來換取現金。結果導致出售股票的人增加，股票價值便會下跌。相反的，當利率降低，則會產生股票價值上漲的趨勢。企業處在容易借入資金的總體環境中，因此收益與銷貨額都將增加，打算存款的人也會增加。此外，對於個人而言，由於持有現金資產幾乎沒有任何優點，所以會將存款用於購入股票。因此，利率變動與股價漲跌如蹺蹺板般是**對比的**型態。**不過必須注意的是，這邊說明的內容是利率主導的股價變化。若股價變化才是主要驅動力的話，那麼兩者的關係就截然不同了。**

當利率上升時，股價下跌的原因

利率由2%提高到3%！

現在貸款變困難了，暫時觀望一下吧

什麼！

○○公司

會產生什麼影響呢……

沒錯～

大家都把錢存進銀行……！

利率上升，對企業是嚴酷的挑戰。由於成本增加，所以較難積極擴展事業版圖。

將股票換成現金，絕對比較有賺頭啊！

股票

銀行

若利率提升，則存款的吸引力增高，將持有的股票換成現金的動作就會增加。

利率若提高，盡可能將愈多錢存入銀行，獲利較高。因此許多人會傾向於抑制消費。

咦！早點脫手就好了……

由於股市熱度降低，股價自然下跌

早一步賣掉真是太好了

這就是利率主導下的股價走勢

08

第❷章

若股價「提升」，則利率也「上漲」

當股價率先變動，
則可以認為利率與股價將會產生同方向的變化。

　　我在第58頁，說明了利率變動對於股價帶來的影響。那麼，在股價率先漲跌的狀況下，利率又會受到什麼影響呢？大家先試著思考股價上漲的狀況吧。當股價上升時，企業與投資人都會為了追求利潤，而積極購入股票。此時，**不僅是現金，關鍵在於許多人會將手上持有的債券轉換為股票**。針對這一點，我將在第3章詳細解說。不過這邊先說明，所謂的債券是國家或企業為了調度資金所發行的有價證券。

掌握利率變動關鍵的債券

債券與股票最大的差異在於：股票會將公司收益，以股利的方式分配給股東，且對於股東不具有清償義務；相對於此，債券除了還本金之外，還有將利息還給債權人的義務。

投資100萬元！

投資者

債券

A股份有限公司

非常感謝！每半年付息，本金也會在5年後歸還！

中央或地方自治單位、民間企業等

　　債券形同票據憑證，承諾在期限內支付投資於企業的本金加利息。特徵是債券的買賣價格如股票會每日變動。因此，持有債券的投資者，若見到股價有上升趨勢，便會開始思考「將手中的債券轉換成股票應該會賺更多吧」。結果造成市場對債券的需求減少，債券價格因此下跌，利率因此上升（※債券價格與長期利率之間的關係，請參閱第86-87頁）。**換言之，在由股價主導的狀況下，利率與股價會呈現同向變動**。不過，實際上在日本經濟2013年左右前，才看得到此種因果關係。自2013年起，為了降低利率，日本央行開始推動大規模的貨幣政策，所以過去由股價主導導致利率變化的經濟環境，轉變為由利率主導。

若股價上漲，利率也隨之上漲的機制

第❷章

09 公司有兩種：易和不易受利率變動影響

受利率變動影響與否，與公司的借款多寡與在股票市場中的評價息息相關。

市場中存在著易受利率變動影響，以及相對不易受影響的公司。產生差異的主要原因有兩個。其一，相對於企業規模，公司**借款**金額的多寡。**若利率上升，借款的利息費用也會增加，又因為公司的支出增加，所以導致業績表現變差。如此一來，投資人便會出脫手中持股，造成股價下跌**。這種有高額借款，利率上下變動會導致業績容易出現大幅變化的企業稱為**利率敏感股**，像瓦斯、不動產和電力公司等都有這種傾向。

借款過多，公司因利率上升而弱化

若利率上升⋯⋯

我們公司變得有點吃力啊

因為利率上升，支出增加啦

借款增加了

借款的利息費用增加

因成本增加導致業績變差

業績變差了，把股票脫手吧

出售股票的力道也增強

第二個原因在於，相對於企業價值，股價處於低點或高點的差異。股票市場有**價值股**與**成長股**，相對於以金額呈現企業整體經濟價值的企業價值，前者股價處於低點，所以即使利率上升也不會受到太大的影響。另一方面，後者則是**預期企業價值具有未來潛力，所以股價處於高點。因此，若利率上升會造成成本增加，業績變差、成長腳步趨緩會導致股價下跌**。高科技產業或網路相關企業等多屬於成長股，所以也稱為**高科技成長股**。

相對於企業價值，股價如何反應？

價值股（便宜股）
相對於企業價值，股價處於低點。即使利率上升，對股價也不會產生太大影響。

成長股
期待公司未來性，相較於目前的企業價值，股價處於高點。
若利率上升則成本增加，成長腳步趨緩，也會使得股價下跌。

第❷章
10
爲什麼美國升息會加速新台幣貶值？

美國升息加速新台幣貶值的機制，
在投資外國債券上是重要關鍵。

　　利率動向對**外匯市場**有重大影響。因此，隨著近年美國升息，**新台幣**持續**貶值**。利率對匯率造成影響的機制是什麼呢？**當美國利率升高、台灣利率降低時，為了賺取更高的報酬率，投資美國債券更具吸引力**。受到賣出利率低的新台幣、購買利率高的美金動向影響，外匯市場會變成新台幣貶值、美元升值的狀態。藉此可說明美國升息加速了新台幣貶值的現象。

美國升息，導致新台幣貶值的機制

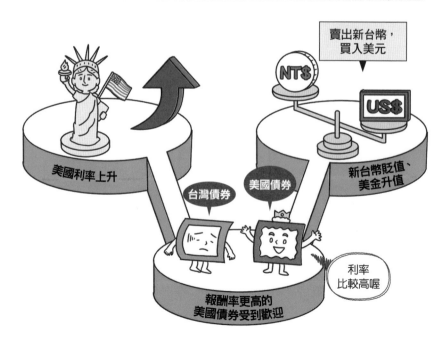

賣出新台幣，
買入美元

NT$

US$

美國利率上升

台灣債券　　美國債券

新台幣貶值、
美金升值

利率
比較高喔

報酬率更高的
美國債券受到歡迎

此一機制在投資**外國債券**時相當關鍵。例如,當你持有美國政府公債時,若美國升息,則新台幣貶值、美金升值,就可以透過匯率獲利。但此時的債券價格會產生什麼變化?**由於比起在利率低時購買,在利率高所購買的債券報酬率較高,因此即使打算賣出低利率時的債券,也難以和購買時相同的價格售出**。所以一定要脫手的話,只能以較低的價格出售。如此一來,債券的價格就會下降。換言之,利率若上升,雖然能因匯率獲利,但債券的價格卻會下跌,兩者成完全反向。**實際上,正是因為處於這種狀態,正向與負向因素才能互補配合,外國債券投資的收益因此穩定。**

外匯與債券價格之間的關係

若利率上升⋯⋯⋯⋯
投資美國債券的狀況下

因新台幣貶值,美金升值,報酬率上升!

外匯

利率升高

美國債券

由於債券是在低利率時所購買,因此比起利率上升後的債券報酬率低,乏人問津啊⋯⋯

債券

外國債券

匯率

外匯與債券價格的走向相反,因此即使可以靠外匯獲利,但債券的價格卻會下跌。但是,正因如此才能夠維持經常性收益,投資外國債券因此可以獲得穩定的報酬。

外匯行情影響利率走向的機制

第②章 11

若外匯行情變動，物價也會波動，會連動利率走向變化。

　　台灣經濟的關鍵是進出口貿易與海外交易，因此換算外幣與新台幣的外匯行情變得非常重要。這是因為交易商品的價格會依據當時的**外匯行情**而波動。首先，當**匯率**處於**新台幣升值時，為了製作產品進口的原料價格會下降，由該原料製成的商品本身的價格也會降低，最終物價也會走跌。而當物價下降時，利率也會走跌**，這是匯率影響物價與利率的一系列趨勢。此外，此時為了對抗低價的**進口商品**，國內產品也不得不調降售價。

貨幣升值⇒物價下降⇒利率下降

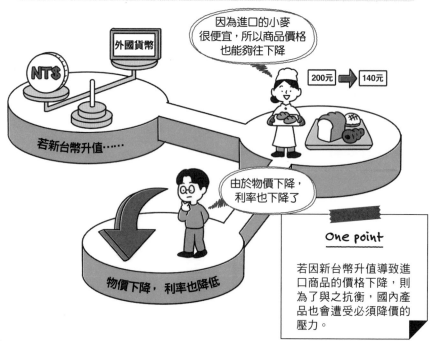

因為進口的小麥很便宜，所以商品價格也能夠往下降

200元 ➡ 140元

NT$

外國貨幣

若新台幣升值……

由於物價下降，利率也下降了

物價下降，利率也降低

One point

若因新台幣升值導致進口商品的價格下降，則為了與之抗衡，國內產品也會遭受必須降價的壓力。

當新台幣貶值時，情況則相反。由於進口的原料價格升高，所以產品價格跟著上漲。若進口商品價格調漲，則國內產品的價格也會被拉高，而物價上升造成利率提高。**因為外匯行情的變動影響物價，而物價又會影響利率，可以說外匯行情間接的對利率產生影響**。此外，如同第64頁所說，也可以說利率變動會對外匯行情造成影響。在此種狀況下，若外國升息造成新台幣利率相對處於低點，那麼新台幣貶值；若外國降息使得新台幣利率相對處於高點，則新台幣升值。不過，外匯行情的變動不僅跟利率走向有關，也與其他各式各樣的條件（政治情況、股價與貿易收支等）息息相關，所以需多加留意。

貨幣貶值⇒物價上升⇒利率上升

200元 → 240元

進貨的小麥很貴，所以商品價格也不得不上漲

NT$　外國貨幣

若新台幣貶值……

由於物價上漲，利率也上升了

進口商品變貴了，那我們也調漲國內產品的價格吧

物價上漲，利率也上升

外匯的走向對物價與利率會產生影響。對於進出口頻繁的台灣而言，可以說對物價與利率造成影響的外匯行情，是必須經常關注的注意事項。

12

第❷章

以「4K1B圖」可視化經濟連動關係

藉由4K1B圖，
我們能確認經濟整體是由何種相互關係所驅動的。

　　到目前為止，我們已說明了利率走向與股價或外匯行情等其他因素之間的相互關係，而能夠一覽確認的全圖便是「**4K1B圖**」。**所謂4K是指「景氣」、「匯率」、「利率」、與「股價」，而1B指的則是「物價」**。這樣就能一眼確認這五經濟因素之間運作的基本因果關係*。由於可以一眼確認某項金融商品的收益是受到什麼經濟要因的影響而產生變化，應該能夠藉此將總體經濟視為日常生活的一部分。

從身邊的日常事例，學習經濟

*景氣（Keiki）、匯率（Kawase）、利率（Kinnri）與股價（Kabuka）
4字之日文發音皆為「K」開頭；物價（Buuka）則為「B」開頭。

若檢視4K1B圖，各線以景氣為起點延伸，對所有其他要素產生影響。換句話說，可以說景氣就代表了經濟本身。讓我們來看看圖中的幾條路徑吧。第一項是景氣影響利率，而利率又對物價、商品與股價產生作用。也就是說，利息收益來源的存款和長天期中央政府公債受景氣所左右；而金銀等貴金屬或食品等的價格與股票投資，則受景氣與利率所左右，價值因此變動。另一項想要說明的是，景氣影響物價、商品，而物價、商品對匯率產生影響。如此一來，商品價格出現漲跌，且與國外交易的重要匯率也會隨之波動。

能夠俯瞰整體經濟的 4K1B 圖

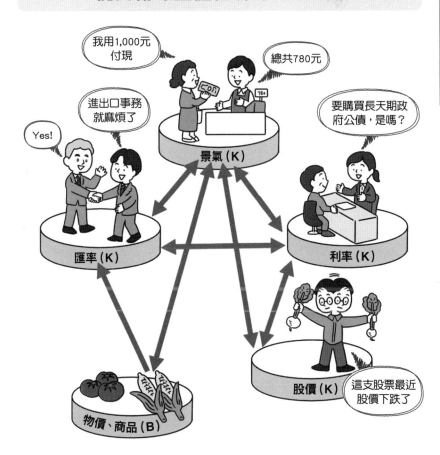

第②章

13 從利率很快可以察覺 雷曼金融危機

檢視利率變動，就可以預測未來經濟走勢並做好準備。

　　次級房貸問題以房地產泡沫破滅為開端，因美國主要大型金融機構雷曼兄弟破產引發了**雷曼風暴**。美國因此景氣衰退，導致世界級的股價暴跌與金融危機。美國國會雖提出以公部門資金，填補金融機關負債的金融救援方案，但在眾議院遭到否決，引發了史上最大的股價暴跌崩盤事件。此外，**由於美國以外的主要國家對於房地產泡沫破滅一無所悉，認為景氣榮景將持續，所以對經濟衰退的反應遲緩，導致世界各地股市崩盤。**

雷曼兄弟破產，引發全球金融海嘯

貸款來買房子吧

因為房地產價格持續上升，如果重複購入與轉賣的話，能賺到相當的收益喔

轉賣房子還清貸款後，手頭上還留下現金喔！

房產價格驟降……！把房子賣了也無法清償貸款了

貸款都成為不良債權了

破產了

次級房貸

房地產泡沫

房產價格驟降

雷曼兄弟破產

其實若你關注利率波動，或許能夠預見帶給世界各國重大衝擊的雷曼風暴。我們來看看景氣衰退與復甦時的利率、商品物價、股票的走勢吧。首先，進入景氣衰退階段之前，它們達到高點並轉而下跌的時間點分別是：2007年6月、2007年10月和2008年7月。接著，在進入景氣復甦階段之前、達到低點並轉而上升的時間點則是：2008年12月、2009年3月和2009年的3月。**不論是上述何種狀況，都是由利率率先反映。如同以上說明，可以說利率對經濟波動十分敏感，是了解未來趨勢的最佳線索。**

利率對景氣波動十分敏感

第❷章

14

解讀經濟，「利率走勢」比「多次修正的經濟指標」更有效

利率走向對於判斷當下的景氣而言，是非常有效的工具。
而利率與其他的經濟指標相較，差異何在呢？

經濟指標是指各國政府或中央銀行，針對經濟活動狀況所發布的統計資料。將經濟活動中扮演重要角色的利率或景氣，以及就業狀況等要素數值化，就成了經濟指標，對於掌握經濟狀況至關重要。但是，**想要從經濟指標解讀當下的景氣可說是非常困難，因為各項指標在最終確定前，需耗時多次調整或修改**。其中雖也有適用於判斷目前景氣的指標，不過必須根據想要判斷的內容加以挑選，所以需要花時間與工夫去習慣。

經濟指標的特徵

比起需費時才能得出最終判斷的經濟指標，利率更適合拿來掌握景氣狀況。利率雖有各式種類，但不論何者皆可獲得每日更新資訊，且相關資訊沒有多次修正的顧慮，可說十分適宜用於解讀當下的景氣與經濟狀況。還有**一個關鍵是由於產生影響的個別因素較少，所以比較容易下判斷。利率除了迅速、可靠之外，不易受其他因素影響，可說是非常有效的手段**。它不僅適合解讀當前經濟，也適於解讀過去經濟；因為比經濟指標更明確且易於運用，也十分推薦給初學者使用。

若要解讀目前景氣，就關注利率

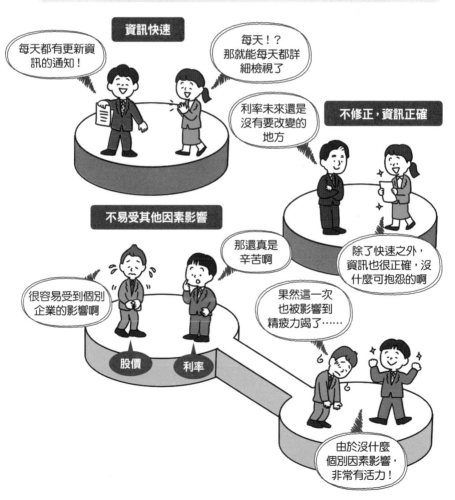

退休族
「若利率下跌就麻煩了」

　　退休後，靠儲蓄的存款或定期領取的年金來維持
生計的退休族，實際上受利率波動的影響非常大。這
是因為不少人為了賺取利息報酬，將退休金或至今的
儲蓄放在定期存款或個人可投資的政府公債上。

　　若利率上升，則利息收入也會相應增加；但相反
的，若利率下降則所賺取的收益也會減少。

　　在日本經濟持續成長的1990年代，3個月期定期
存款的利率可達2%以上，10年期政府公債殖利率則
接近5%（台灣情況請見附錄2-2）。那個時代的高利
率是現在難以想像的。在此種狀況下，例如準備了存
款或退休金2,000萬日圓，以年利率5%的投報率來計

算，1年可以賺到100萬日圓，相當於每個月可以得到8萬日圓的利息收入。

另一方面，2024年2月底的10年期政府公債殖利率在年利率0.7%上下變動。這時同樣以2,000萬日圓，以年利率0.7%來計算，一年只能得到14萬日圓的利息收入。這對依靠儲蓄為財源來過日子的退休族而言，利率波動將大幅左右生活水準。

※文中的利率計算並未考慮稅金。

第 3 章

利率選手代表！
了解債券的運作機制

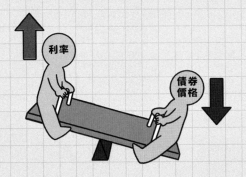

要說到貼近日常生活中的利率，
首先浮上大家腦海的應該是貸款或存款的利率吧。
但是，專業投資人首先會聯想到的應該是債券的殖利率。
其中尤以「美國10年期公債殖利率」，
有時具有改變全球經濟的力量。
現在就讓我們來揭曉債券的機制，
這對於理解利率不可或缺。

10年期公債殖利率
是代表性的長期利率

一般人不太熟悉政府公債。
但是，政府公債的利率走向卻對一國總體的利率有重大影響。

聽到利率或殖利率等詞彙，多數人應該會聯想到存款利率或房貸利率這些與日常生活連結、貼近生活的利率吧。但是，**對於專業的投資人或證券經紀人而言，最先浮上腦海的利率會是10年公債殖利率**。其實，政府公債如股票等金融商品，在市場上可以大量買賣，隨交易結果，利率每天都會變動。而且，包含投資人在內，許多人都十分重視政府公債的利率走向。

提到利率，你會想到什麼？

果然我們在意的還是房貸與存款利率吧

政府的公債利率走向也會登載在報紙上喔！

對我們來說，利率指的就是10年期公債殖利率

新發行10年期公債殖利率

債券每天都會在交易市場中買賣進出，與股票等其他金融商品相同，都會根據交易結果決定利率數字。相關的殖利率資訊會公布在報紙或網路上。

為什麼要關注政府公債殖利率的走向呢？理由在於，**掌握政府公債殖利率變動，能夠預測金融市場各式各樣的變化**。2007年美國金融危機**次級房貸問題**發生時，最先顯露徵象的正是10年期美國政府公債，在利率驟降後，相關問題立刻浮上檯面。此外在日本，房貸利率、存款利率等，所有的利率也都會跟著連動並取決於此**債券殖利率**。也就是說，十分常見的模式是，債券殖利率較其他利率更早反映變化。了解政府公債殖利率走向，能夠推測貨幣政策，如中央銀行在想什麼，接下來又會發生什麼事情。由於債券殖利率具有較其他利率更早啟動的特性，因此被認為是能靈敏反應社會情勢的感應器，而受到高度關注。

債券的特徵

殖利率由交易結果所決定

比其他的利率率先反映動

債券

房貸

存款

債券的殖利率就像路標啊

房貸利率（固定利率）與定期存款利率（長期）等的利率，是參考政府公債殖利率所決定。因此，若觀察政府公債的走向，就能夠預測自己周遭生活的各項利率會如何變化。

房價好像仍會高漲，就可以繼續投資！

咦？殖利率下降了！

次級房貸問題的預兆，從10年期政府公債來看
美國的次級房貸問題是因不動產價格飛漲與驟跌所引起，早一步告訴我們問題徵兆的是美國10年期公債殖利率。

在日本，大家也認為所有的利率都與債券殖利率有關。也就是說，若能觀察債券的走向，便能夠預測經濟的趨勢與今後的貨幣政策。

79

以蔬果店爲例，掌握債券是什麼？

為了簡單理解債券的機制，我試著以蔬果店為例說明。

那麼，債券的機制如何運作呢？此處為了讓大家便於理解，我以發生在蔬果店的故事為例說明。當某家蔬果店需要資金200萬元時，老闆做的事就是發行私募債券。老闆用圖畫紙做成11張卡片，其中1張卡片表面寫上100萬元、其他的10張則寫上10萬元。然後，分別在這11張卡片寫上**「價格98元」**（票面面額每百元）、**「期間2年」**（20○○年○月○日到期）、**「票面利率（年利率）為4%」**（每年提供價值票面金額4%的蔬果商品）。

以貼近生活的事例，解釋債券運作機制

由於銀行拒絕我融資申請，所以發行了債券

很有趣耶，那我買1張！

我選了新鮮的蔬果，送過來喔！

每年會收到相當於票面面額乘上票面利率○%的利息收入（商品）。

98萬元

價值4萬元的商品

第1年

100萬元

價值4萬元的商品

債券到期了，我來還清最初跟您借的100萬元。謝謝！

第2年（到期）

100萬元
價格：98元（每百元面額）
20○○年○月○日到期（期間2年）
票面利率：4%（以等值商品支付）

假設購買了由蔬果店製作、寫著100萬元的**私募債券**。由於面額100萬元的債券相當於**每百元價格**98元，所以可以98萬元購得。第1年依據票面利率4%，可以從蔬果店收到價值4萬元的商品。而在到期的第2年除了可以同樣得到價值4萬元的商品之外，同時還能拿回等於票面金額的100萬元。這就是購入債券後會發生的一連串情況。如同本次假設的案例，若拿出98萬元借給蔬果店老闆，那麼在2年間可以各得到4萬元的利息，到期之後又收回票面金額100萬元，則相當於拿出98萬元，回收108萬元。在思考債券的運作機制時，需要記得的關鍵**除了面額之外，還有「每面額單位價格」、「到期年數」、「票面利率」**。若能掌握這些要素，就能夠簡單算出**年化報酬率**。

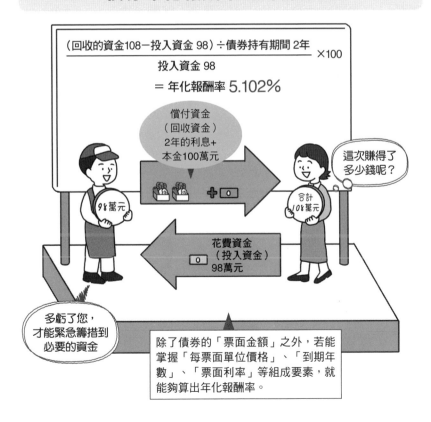

債券年化報酬率的計算方式

$$\frac{（回收的資金108－投入資金 98）÷債券持有期間 2年}{投入資金 98} ×100$$

$$= 年化報酬率 5.102\%$$

償付資金
（回收資金）
2年的利息＋
本金100萬元

這次賺得了
多少錢呢？

98萬元

合計
108萬元

花費資金
（投入資金）
98萬元

多虧了您，
才能緊急籌措到
必要的資金

除了債券的「票面金額」之外，若能掌握「每票面單位價格」、「到期年數」、「票面利率」等組成要素，就能夠算出年化報酬率。

多種債券在債券市場上交易

雖然我們籠統稱眾多的債券商品為債券，不過債券可分為許多種類。除了政府公債之外，還有什麼？

在債券市場中不僅有新發行的政府公債，還有每天都在市場進行交易，各式各樣種類與型態的債券。首先應該看的是市場本身的分類，大致可區分為兩種。第一種是**由中央政府或地方政府等發行單位，以發行新債券的方式籌募資金的初級市場（發行市場）**。新發行的債券被稱為「**新發債券**」。另外一種，**則是針對已經發行的債券，由債券持有者與債券購買方進行買賣交易的次級市場（流通市場）**。已經發行並流通的債券則稱為「**既發債券**」。

債券的 2 個市場

國家或地方政府為了籌措資金而新發行的債券。在此市場發行的債券稱為「新發債券」。

在持有已發行的債券方，與想要購買債券者之間進行買賣交易。在此市場，交易已發行並流通的債券稱為「既發債券」。

請讓我購買！

我發行債券喔！

我要買

我要賣

新發債券

初級市場（發行市場）

次級市場（流通市場）

在日本市場上交易的債券，依據發行單位不同有7種。①國家與地方政府*¹等發行的「政府公債、地方政府公債」。②政府關係機構發行、由政府擔保本息（本金+利息）的「政府擔保債」。③由獨立行政法人等發行，無政府擔保的「財投機關債」。④海外發行單位為了在日本籌集資金所發行，以日圓計價的外國債券。⑤企業發行的「公司債」。⑥特定金融機構才能發行的「金融債」。⑦金融機關以自身持有的債權為價值擔保發行的「資產抵押擔保證券」（ABS）。ABS又因擔保品不同而分類為：以住宅貸款債權為擔保的「RMBS」和以商業不動產貸款債權為擔保的「CMBS」。其中，發行量與交易量特別多的當然還是政府公債，是債券市場交易的重心。（台灣情況請見3-1）

各式債券種類

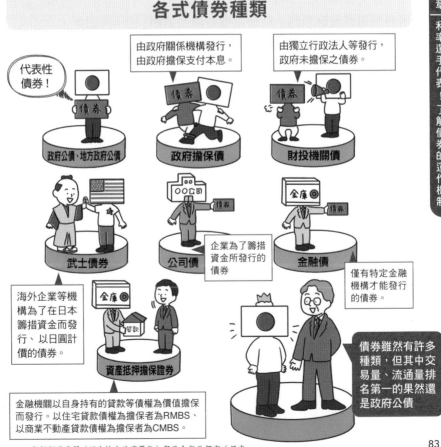

代表性債券！

由政府關係機構發行，由政府擔保支付本息。

由獨立行政法人等發行，政府未擔保之債券。

政府公債、地方政府公債

政府擔保債

財投機關債

武士債券

公司債

金融債

海外企業等機構為了在日本籌措資金而發行、以日圓計價的債券。

企業為了籌措資金所發行的債券。

僅有特定金融機構才能發行的債券。

資產抵押擔保證券

金融機關以自身持有的貸款等債權為價值擔保而發行。以住宅貸款債權為擔保者為RMBS、以商業不動產貸款債權為擔保者為CMBS。

債券雖然有許多種類，但其中交易量、流通量排名第一的果然還是政府公債

*1：包括都道府縣（日本地方政府單位）與政令指示都市（日本基於《地方自治法》由行政命令指定的城市自治制度）。

第❸章

04 嘗試計算10年期公債的報酬率

試著計算持續持有10年期政府公債到期後的報酬。

　　與股票或外匯不同，債券的殖利率並不以價格的方式呈現。例如，即使聽到10年期政府公債殖利率由1%上升為1.4%，應該也很難想像這代表增加了多少收益吧。這邊我說明報酬率的簡單計算方法。本次以票面100元、發行價格（購入時的價格）98元、10年期，年化報酬為2%的債券為例。順帶一提，在債券市場基本上**計算債券價格或報酬率時，都是以債券票面金額100元為前提**。

計算10年期政府公債的總報酬率

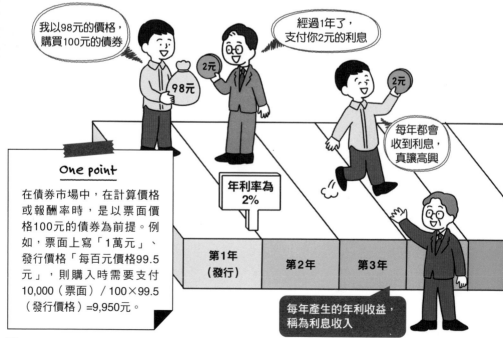

我以98元的價格，購買100元的債券

98元

經過1年了，支付你2元的利息

2元

2元

每年都會收到利息，真讓高興

年利率為2%

One point

在債券市場中，在計算價格或報酬率時，是以票面價格100元的債券為前提。例如，票面上寫「1萬元」、發行價格「每百元價格99.5元」，則購入時需要支付10,000（票面）／100×99.5（發行價格）=9,950元。

第1年（發行）　第2年　第3年

每年產生的年利收益，稱為利息收入

債券的原則是在到期日時必須按照票面金額，支付本金給持有人。若以先前的債券為例，便是在發行時早已決定債券到期的第10年，支付100元給持有人。因此，首先計算到期所得回的金額票面價格100元，以及購買時的價格98元之間的差額。再加上設定為2%年利率所得的利息（收入），合計計算出1年的收益，並得出該收益相當於買入價格的多少比例。如此計算的債券報酬率稱為**總報酬率**。此外，**此處計算出因價差所得的收益稱為資本利得（Capital Gain），每年發生的年利則稱為利息收入。這不僅是在買賣債券，也是在股票投資時，會使用的詞彙。**

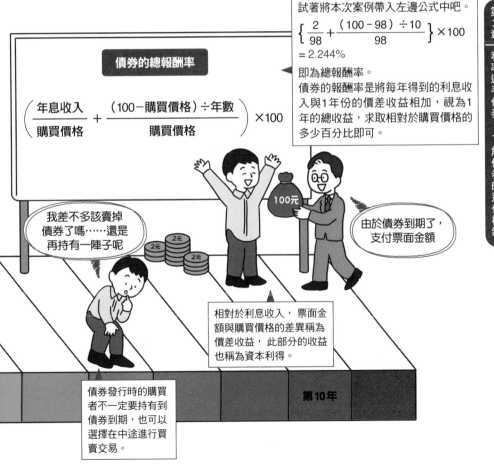

試著將本次案例帶入左邊公式中吧。

$$\left\{ \frac{2}{98} + \frac{(100 - 98) \div 10}{98} \right\} \times 100$$
$$= 2.244\%$$

即為總報酬率。
債券的報酬率是將每年得到的利息收入與1年份的價差收益相加，視為1年的總收益，求取相對於購買價格的多少百分比即可。

債券的總報酬率

$$\left(\frac{年息收入}{購買價格} + \frac{(100-購買價格) \div 年數}{購買價格} \right) \times 100$$

我差不多該賣掉債券了嗎……還是再持有一陣子呢

2元　2元　2元　2元

100元

由於債券到期了，支付票面金額

相對於利息收入，票面金額與購買價格的差異稱為價差收益，此部分的收益也稱為資本利得。

債券發行時的購買者不一定要持有到債券到期，也可以選擇在中途進行買賣交易。

第10年

05 爲何長期利率上升，則債券價格下降？

利率與債券行情的關係，乍看之下很難理解。
確實掌握兩者間的關係，就不會困惑。

利率上下波動的新聞通常與10年期公債殖利率有關。其中最常見的莫過於**「利率上升，所以債券行情下跌」**或**「債券賣壓增加，價格下跌，因此利率上升」**等句子。若聽到明明利率上升，債券的價格卻下降，對剛接觸債券的新手而言，或許會覺得不太對勁。關於**利率與債券價格的關係**經常讓人感到困惑，大家一邊閱讀書中例子，一邊大致掌握概念吧。

利率與債券價格呈現翹翹板關係

多數的債券不論購買價格多少，利息收入、到期後回收的本金金額都是固定的，這是債券投資的特點。**不論新發行的政府公債（新發債券）的利率多高，已發行的政府公債（既發債券）的利率都不會改變。**例如，每百元年利率2%的新發債券與每百元年利率1%的既發債券，若價格都是100元的話，前者10年的利息收入為20元，後者則是10元的利息收入。理所當然想購買債券的投資者會選擇新發債券。那麼，想賣出既發債券，該怎麼做呢？除了透過降低債券本身的價格，以彌補利息收入差異為條件外，別無他法。相反的，若新發債券的利率低，則既發債券即使價格較高，只要在利息收入仍有差額空間買賣交易便可成立。這就是利息與債券價格關係的運作機制。

因為我的利率比對方高，價格稍微貴也賣得出去吧

利率4%

價格120元

較早發行債券的利率較高的狀況下（新發債券的利率下降）

新債券的利率為2%！

利率2%

價格100元

因為利率低，價格不相應調整就賣不出去啊……

利率1%

價格90元

較早發行債券的利率較低的情況（新發債券的利率上升）

One point

即使新發行的債券利率高，至今已發行債券的利率並不會變動（固定利率的狀況下）。與至今為止所發行的債券相比，若目前新發行的債券利率較高（利率上升），則到目前為止的既發債券為了彌補利息收入的差額，必須降低價格（行情價格下降），讓交易條件得以接近新發債券。

第❸章

06

爲什麼銀行要購買負報酬的政府公債？

有些債券到持有到期日會產生損失。
但是，銀行會基於某些理由，購買這些負報酬債券。

雖有許多10年期政府公債在市場上流通，但可能會出現報酬率轉負的情況。所謂債券的**負報酬是指債券因市場價格高漲等原因，導致購買價格超過到期利息收入與本金合計金額的狀況**。雖稱為負報酬，但並不代表持有至到期日時，需要再支付任何金錢。但若持有債券至到期日，則確定會產生損失。然而，有時也會出現購買負報酬政府公債的狀況。而且，購買者並非投資新手，而是銀行。

何謂債券的負報酬？

所謂債券的負報酬，指的是購買價格超過到期利息收入與本金合計金額的狀況。與銀行的負利率政策不同，毋須支付利息。

銀行特地買回負報酬的政府公債有兩個理由。一是，**向中央銀行借款時，政府公債可以當成擔保品**。金融機關向央行借款時，必須提供央行訂定的「**適格擔保品**」，政府公債符合擔保品要求。因此，購買負報酬政府公債的背景之一，是銀行為借款預做準備，而希望持有一定數量的政府公債。第二個理由是，**在許多情況下，央行在債券到期前會以高於購買時的價格買回債券**。本是存在虧損風險的負報酬債券，若央行在到期前，以高於當時購買價格的金額回收債券，則情況就不同了。央行透過堅持展現購買政府公債的態度，給予各家銀行安全感。

銀行購買負報酬政府公債的理由

我持有這麼多的政府公債

銀行

中央銀行

那就把錢借給你吧

銀行為了在向中央銀行借款時，有10年期政府公債當擔保品，所以會出現銀行預先持有的狀況。

雖然尚未到期，那就先讓我們買回吧

再這麼持有下去會產生損失⋯⋯

銀行

中央銀行

在許多狀況下，央行會在到期日造成損失前，買回銀行持有的負報酬債券。由於此時的買回價格高於銀行當初的購買價格，以結果而言，銀行方會產生利益。

第❸章
07 長期利率變動領先短期利率變動

在相互連動的利率世界裡，率先動作的是哪一個利率？

　　若了解利率以什麼順序變動，便能夠加深對未來利率與政策等總體變化的理解，還能將利率當成各式各樣的行動方針。大家覺得將短期或長期利率當成指引，哪一個會率先變動？**乍看之下，由於短期利率在短期間內頻繁變動，且拆款利率又是支持經濟活動穩定運作的政策利率，能幫助平穩物價與景氣，似乎短期利率應該率先變化，但其實早一步啟動的是長期利率。**長期利率**領先**短期利率產生變動。

短期利率與長期利率，何者率先變化？

One point

若能夠掌握利率變化的順序，將更容易預測整體未來利率如何變動。為了靈活掌握利率的變化，預先確實理解利率變動的順序吧。

將短期利率與長期利率相較，長期利率會率先動作。理由在於長期利率領先短期利率啟動

關鍵在於，購買同一類的金融商品時，「回購多次短期利率商品」與「購買同一期間長期利率商品」兩者之間，不應該產生巨大的盈虧差異。例如，存兩筆1年期的定期存款和存一筆2年期的定期存款，兩者收益並沒有太大區別。但如果單方面出現明顯的優缺點，那麼做為「金融商品」便不合格了。由於，**長期利率與短期利率的走勢若出現重大乖離極不自然，所以不僅是短期利率當下的數字，長期利率會在預期利率怎麼變動之後來決定**。如果是10年期的政府公債，利率會隨未來10年金融市場波動的預測而變動。不僅是短期政府公債利率，基於政策利率與各種貸款利率等走向的預測，都是根據長期利率才能定案。正因如此，專家才會如此關注10年期政府公債殖利率，並視為**先行指標**。

何謂長期利率領先？

「美國公債暴跌」真的會發生嗎？

　　以美金計價、進行交易的美國公債，位居國際貨幣的中心地位。處於慢性財政赤字狀態的美國，為了籌措資金填補赤字，大量發行了美國公債。若美國公債滯銷，美國將面臨利率大幅上升、財政崩潰的風險。

　　針對大眾關注的美國公債，有許多人大膽預測會上演「美國公債暴跌」或「美金崩盤」的劇本，但真的可能發生嗎？

　　過去曾數度出現拋售美國公債的短暫熱潮。2009年6月中上旬，因俄羅斯中央銀行高官的發言，造成「俄羅斯將出售持有的美元」臆測廣為流傳，甚至預期世界將「脫離美元」，結果美國公債被大量拋

售。但是，在同月下旬，美國公債的回購熱潮已經加劇。

　　即使美國公債像這樣價格一時下跌，但只要你「逢低買進」，即做出瞄準價格下跌的時間點買進的動作，便很難想像市場價格會長時間持續滑落。

　　此外，假設就算市場行情持續下跌，也有分析指出自美國公債市場流出的資金無處可去。以歐元、日圓等其他貨幣計價的資產也存在諸多弱點，美國公債和美元崩盤論似乎暫時缺乏可信度。

第 4 章

調控利率的參與者

利率基本上由金融市場的資金供需平衡所決定。
其中，包含力圖維持景氣穩定的中央銀行，
與靠利率變動而獲利的機構投資者等，
存在著各式各樣能影響利率的參與者。

01

什麼是「良性升息」與「惡性升息」?

升息可以區分為:與景氣安定成長連動的「良性升息」,
以及招致景氣惡化的「惡性升息」兩種類型。

　　利率上升能夠區分為「**良性升息**」與「**惡性升息**」。若當景氣
變好,企業或個人的資金需求增加,利率便會上升,這是「良性升
息」的例子。**「良性升息」會在不阻礙經濟復甦趨勢、抑制經濟過
熱的狀況下,提高利率**。另一方面,明明景氣沒有好轉,也會出現
僅有利率上升的狀況,這就是「惡性升息」。**如國家的財政狀況大
幅惡化等,「惡性升息」是指受到景氣恢復、物價走向以外的因素
影響,長期利率持續上升。**

良性升息與惡性升息

景氣很好,
來投資設備吧

因景氣好,企業
與個人的資金需
求增加所引起

景氣過熱

良性升息
景氣好轉

因提高政策利率
導致升息

明明沒有讓利率
大幅上升的原因

景氣明明不
好,只有利
率一直升

國家財政惡化
大量發行公債

惡性升息
景氣低迷

大量出售公債
利率上升

例如，即使景氣沒有充分回溫，中央銀行也未提升政策利率，利率維持在與不符合蓬勃景氣的低利率狀態，**造成設備投資過剩、個人消費與投機熱潮的狀況。結果，引發景氣過熱，容易出現通貨膨脹（物價上升）**。此外，「惡性升息」是指例如日本財政擴張、持續大量發行政府公債，則賣壓增強，政府公債的價格驟跌。若財務部不提高利率、競價出售，則無人願意購買政府公債，利率上升的腳步將進一步加速。若長期利率按照此趨勢上升，股價也將大幅下跌，經濟形勢也會惡化。

提高利率來抑制通貨膨脹吧

穩定成長

中央銀行

一邊抑制景氣過熱，同時維持景氣穩定成長

景氣明明很差，卻開始通貨膨脹（物價上漲）

對景氣產生重大打擊

利率上升與股價下跌，造成經濟形勢惡化

第❹章 02 中央銀行制定影響利率的貨幣政策

各國皆設有位居該國財政金融中心的中央銀行。
在日本，日本銀行即相當於中央銀行。

所謂**中央銀行**，是位列國家金融體系核心的公共銀行。在日本，日本銀行（日銀）即相當於中央銀行，以穩定物價為主要目的，制定市場利率體系基礎的**貨幣政策**。世界主要國家央行的貨幣政策，會通過匯率或股票市場等影響全球的市場與經濟。**在主要國家中，央行往往在法律上獨立於政府，若央行決定政策利率在內的貨幣政策不適當，將導致景氣惡化、物價不穩定，造成金融體系擾亂等狀況。**

日本中央銀行的功能

日本銀行
為穩定物價，制定市場利率體系基礎的貨幣政策。

日本銀行政策委員會

總裁（1人）
副總裁（2人）
審議委員（6人）
由以上9位成員所組成

根據《日本銀行法》規定，設立日銀的目的為「做為我國中央銀行，發行銀行券*1，並進行貨幣與金融調節」，以及「確保銀行與其他金融機構之間資金往來順利結算，從而為維護信用秩序貢獻」。日銀設置由總裁（1人）、副總裁（2人）與審議委員（6人）共9人所組成的政策委員會。在政策委員會會議中，審議和決定與貨幣政策相關事項的會議稱為貨幣政策會議。在貨幣政策會議中，審議並決定有關貨幣政策的實施事項，包含金融市場調節的基本方針、標準貼現率、標準貸款利率、調整存款準備金率、貨幣政策手段工具、對經濟金融狀況的基本看法等。會議每年舉行8次，會議結束後立即對外公布會議中的決議事項。（台灣情況請見4-1）

發行紙幣

在日本僅有日銀能夠發行紙幣（日本銀行券）。

政府的銀行

存入稅收或出售政府公債的款項，並提款支付公共事業項目與公務員薪資。

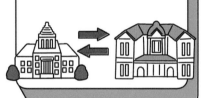

銀行的銀行

商業銀行將存款的一部分存入中央銀行的金融機構存款帳戶，此存款用在提供貸款給其他的金融機構。

把錢存到銀行吧

中央銀行是該國金融體系中心，為穩定經濟而對利率進行管控調節。

*1.現行實體貨幣即為銀行券的一種。

第④章
03

調降利率，景氣也無法回溫!?
什麼是「貨幣政策繩索理論」?

中央銀行透過操作利率，執行貨幣緊縮或貨幣寬鬆的貨幣政策。但是，即使是貨幣寬鬆，也不必然能夠保證景氣會回升。

　　一般而言，利率下降則企業或個人更易於籌措資金，經濟活動會更活絡，大家普遍認為具有提升景氣的效果。但實際上，**即使降低利率，景氣不一定就能改善。相反的，如現今日本長期處於低利率水準，也可能對景氣帶來負面影響**。例如，若政府年金、企業年金的投資報酬率在長期**零利率政策**的影響下走低，可以預期年金給付額將會減少。此外，由企業各別營運的企業年金投資績效惡化也是事實。

貨幣寬鬆無法保證一定有效果

拉扯綁在棍棒上的繩子時，拉扯的力量確實會移轉到棍棒上。反過來說，不管如何放鬆繩子，放鬆的力道並不會轉嫁到棍棒上。**「貨幣政策繩索理論」以棍棒與繩子的關係來打比方，說明「貨幣緊縮政策雖然有效，但貨幣寬鬆政策不必然有效果」**。貨幣緊縮時，中央銀行會向銀行出售政府公債，從銀行持有的金融機構存款帳戶提款購買。如此一來，銀行的帳戶餘額減少，便不會再積極貸款給企業。另一方面，貨幣寬鬆時，央行會買回銀行持有的政府公債，並將價款轉入銀行在央行的金融機構存款帳戶中。原則上，銀行即使將錢存放在央行的金融機構存款帳戶中也無法獲得利息，所以會將資金借款出去，讓資金流入市場，經濟活動應該會更蓬勃發展。但是，即使利率下降，只要企業或家庭資金需求沒有增加，景氣也不會變好。

第❹章 04 認爲日本央行影響力下降的觀點

過往大家普遍認為日本銀行能有效主導貨幣政策，可穩定日本經濟。但近年來，影響力被認為不如以往的理由是？

近來，許多人認為**日銀**對民營銀行的**影響力**下降了。具體而言，**即使日銀調控利率，對於物價或景氣也無法產生影響**。日銀依循2013年開始的**安倍經濟學**大致方向，以「消費者物價指數年增率2%」為目標，推動貨幣寬鬆政策，但2020年僅增加了0.4%。而2022年3月，因俄羅斯入侵烏克蘭造成能源價格飆升和日圓貶值的影響，導致日本物價高漲，但這不能說就是景氣好轉。

日銀的政策不再有效

我買了很多政府公債喔！

現金增加囉！

咦！？不來找我借錢！

我們沒有借款的計畫

日本銀行　民營銀行　企業

由於企業的保留盈餘增加，民間的資金需求減少，日銀主導的貨幣政策影響力被認為日益減弱。

一般認為日本銀行影響力下降，有以下幾項的原因。第一，即使利率下跌，企業也變得不借款。2021年度日本企業的**保留盈餘**總額超過500兆日圓。因此，**即使利率降低，不用向銀行借款的企業增加，調降利率的效果就減弱了**。無論日本銀行向商業銀行購買多少政府公債並提供現金，這些現金都只是保存在日本銀行的各家金融機構存款帳戶中，並未流入民間。此外，也有部分觀點認為，日本銀行的貨幣政策只是先採取了未來消費與硬體投資的需求，並不具備提振經濟潛在實力的力量。**以此觀點而言，即使企業和個人貸款進行設備投資或購買住房，未來的需求和消費也會相應萎縮，因而就長期來看並無提振經濟的效果**。

第4章
05 聯準會政策也會影響各國利率

在世界各國的中央銀行中，
尤其以美國聯準會的影響力最強大。

　　世界各國為了適當調控本國利率水準，維持物價與金融體系穩定，都設置了「中央銀行」。在美國，「**聯準會**」（全名為：聯邦準備理事會，Federal Reserve Board，簡稱為FRB）是相當於中央銀行的組織。**聯準會不僅僅單純是美國的中央銀行，影響力之大堪稱「世界的中央銀行」**。這是因為全球經濟以美國為中心，從先進國家到中國、巴西或印度等各新興經濟體，因物流與金流而形成整體循環。

世界的中央銀行：聯準會

聯準會（FRB）
相當於美國中央銀行的組織。因處理關鍵貨幣美金，所以也稱為「世界的中央銀行」。

聯準會的貨幣政策，不僅對美國國內，也對世界經濟產生影響。美金是全球貨幣中信賴程度最高，通行世界的「**關鍵貨幣**」。由於聯準會處理的是關鍵貨幣美金，所以位居「世界中央銀行」的地位。聯準會的動向對日本經濟也具有重大影響，2020年受到新冠肺炎疫情的影響，美國國內失業者一增加，聯準會就調降利率，並推行量化寬鬆政策。後來，在2022年3月，聯準會以「雇用增加，失業率大幅下降且物價上升（通貨膨脹）」為由，決定調升利率。日本處於低利率，因聯準會升息，而帶動了購入利率較高、有利於投資與資產運用的美金，並出售低利率日圓的趨勢。這成為推動日圓急速貶值的重要因素。

聯準會的影響力

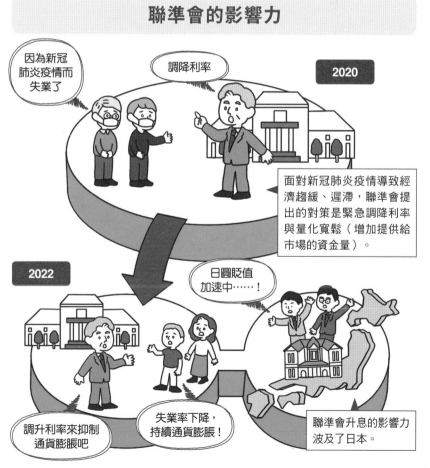

06

全球都擔心
「以升息抵禦通膨」

即使是為了抑制通貨膨脹，沒有任何一個國家會輕易決定升息，因為可能導致景氣衰退。

　　苦於**通貨膨脹**的不僅只有美國。目前，嚴重的通貨膨脹在全球持續，即使與歐美相比，物價上升率較低，但日本近幾年，電費、瓦斯費與油價等相繼上漲。特別是瓦斯費的漲價幅度極大，自2022年1月起日本汽油價格調控補貼制度開始上路。此外，由於2022年俄羅斯入侵烏克蘭，石油、天然氣等能源相關的天然資源價格高漲。

通貨膨脹仍在全世界持續

電費跟瓦斯費雙漲啊⋯⋯

除了新冠肺炎的影響之外，俄羅斯入侵烏克蘭造成能源相關的物價高漲，引發了全世界的通貨膨脹。

所有東西的價格都上漲了啊

為了抑止過度的通貨膨脹，唯有抑制消費，也就是為景氣踩剎車一途。因為若消費的人數減少、景氣惡化，物價便會下降。**貨幣政策「升息」是有效的，在全世界通貨膨脹的背景下，歐美的中央銀行紛紛採取升息手段。然而，一步錯就可能因升息而導致經濟衰退**。為了抑制通貨膨脹，日本若能如同美國般大膽升息就好了，但日本的物價上升，並非由於薪資上漲與需求增加所導致。在此種狀況下若升息，對於日本經濟而言可能會適得其反，所以無法輕易升息。

中央銀行的通貨膨脹對策

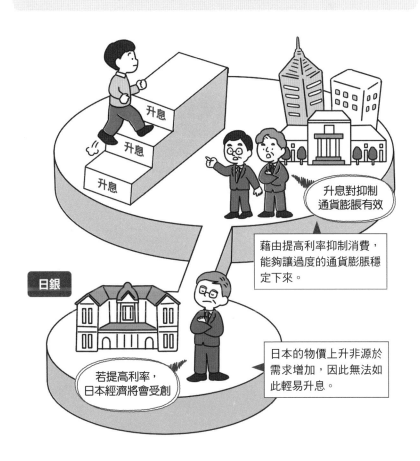

升息

升息

升息

升息對抑制
通貨膨脹有效

藉由提高利率抑制消費，
能夠讓過度的通貨膨脹穩
定下來。

日銀

若提高利率，
日本經濟將會受創

日本的物價上升非源於
需求增加，因此無法如
此輕易升息。

第4章

07

透過發行政府公債影響利率

在日本，為了補充稅收不足而發行政府公債。
大量發行的政府公債也會對利率產生影響。

　　日本持續出現歲出[*1]大於歲入[*2]（稅收、稅外收入）的**財政赤字**，因此政府透過發行公債向市場與個人調集資金。到2023年底，由建設公債餘額、特例公債[*3]餘額、復興公債[*4]餘額三者合計的日本「**一般公債餘額**」已達1,027兆4,000億日圓。再加上財投機關債券、借款和**政府短期債券**[*5]，也就是所謂「國家的債務」已達1,275兆6,116億日圓。日本的債務餘額超過國內生產毛額（GDP）的兩倍，這在主要已開發國家中屬於高度的負債比率。（台灣情況請見4-2）

大量發行政府公債對利率的影響

終於繳稅了

歲入
（稅收與
國營事業收入）

一般歲出

在政府預算編製上，歲入與歲出為相同金額。

*1：政府各機關一會計年度內，為推行各項政務的一切支出。
*2：政府各機關一會計年度內，為支應歲入計畫籌措的收入。
*3：也稱為赤字公債、非建設性公債，是指在發行建設公債後，若預測歲入仍不足以支應歲出時，為籌集資金基於特別法所發行之公債。
*4：為支應東日本大地震，為復興受災區域而發行的特別公債。
*5：相當於台灣之國庫券，與公債主要差別在於國庫券為期別1年以內之短期債券。《國庫券及短期借款條例》第1條規定「中央政府為調節國庫收支，得發行未滿1年之國庫券，並藉以穩定金融」。

一般而言，大量發行政府公債會因政府公債的供給量增加而造成價格下跌，招致長期利率上升。若長期利率上升，則會連動提升企業設備的投資成本，會拖累景氣發展。然而，實際上政府公債價格不降反升。大家可以這樣想，因為日本央行持續購買政府公債，且九成的政府公債是由日本央行在內的金融機構所持有。新發行10年期政府公債的競標結果，會影響整體長期利率。若最低得標價格遠低於市場事前預期（最高出價報酬率顯著更高）且投標疲弱，市場將更加積極拋售債券，導致長期利率上升，借貸款利率與房貸利率上升。

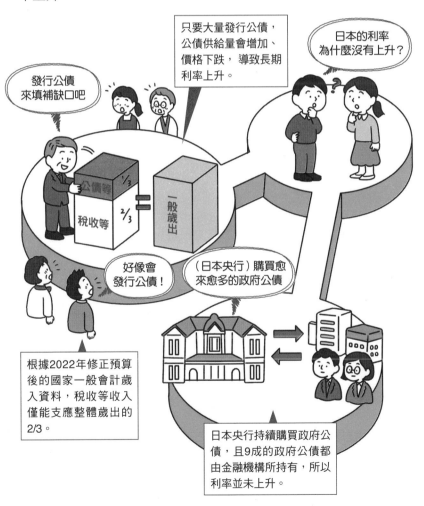

只要大量發行公債，公債供給量會增加、價格下跌，導致長期利率上升。

日本的利率為什麼沒有上升？

發行公債來填補缺口吧

公債等

稅收等

一般歲出

好像會發行公債！

（日本央行）購買愈來愈多的政府公債

根據2022年修正預算後的國家一般會計歲入資料，稅收等收入僅能支應整體歲出的2/3。

日本央行持續購買政府公債，且9成的政府公債都由金融機構所持有，所以利率並未上升。

以鉅額資金左右利率動向的機構投資者

在市場手握鉅額資金的機構投資者，
對於利率的影響力也日益增加。

　　債券市場的參與者幾乎都是專門進行資產管理、運用的**機構投資者**或金融機關，個人投資者占的比率並不高。**所謂機構投資者，指的是銀行、保險公司、系統金融機關（信用金庫、農會等），將從顧客匯集的資金用於有價證券投資與資產管理的鉅額投資者**。機構投資者每天都在債券市場積極進行資金運用。由於債券是有價證券，不等到期日償還出售或變現都可行。債券價格則會因發行單位的信用與評等，以及至到期日為止的剩餘期間等因素而變動。

手握鉅額資金的機構投資者

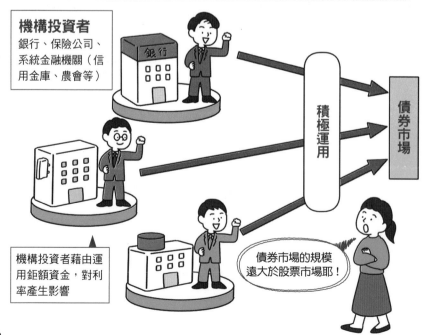

機構投資者
銀行、保險公司、系統金融機關（信用金庫、農會等）

積極運用

債券市場

機構投資者藉由運用鉅額資金，對利率產生影響

債券市場的規模遠大於股票市場耶！

債券行情（長期利率）的單日變動與股票、外匯不同，並不會在新聞等媒體上詳細報導。不過，相對於2020年度日本國內的股票交易量（買賣價金）約為767兆日圓，債券的交易量（公債與公司債之市場交易量）則達到約2萬1,494兆日圓。債券的金融商品市場規模比股票規模大約28倍。債券價格與利率的關係如同翹翹板，市場利率一上升則債券價格下降，市場利率一下降則債券價格上升。假設此債券發行時，每百日圓價格為100日圓、票面利率為3%。若利率上升4%，則既發債券利率3%的投資吸引力會降低，債券價格將會下降；若利率降低為2%，則既發債券利率3%的投資吸引力會增加，債券價格將上漲。

債券價格與利率的關係

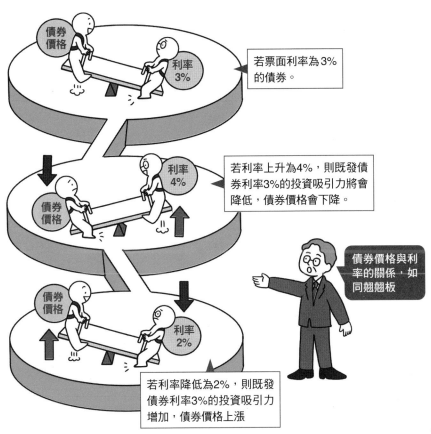

若票面利率為3%的債券。

若利率上升為4%，則既發債券利率3%的投資吸引力將會降低，債券價格會下降。

債券價格與利率的關係，如同翹翹板

若利率降低為2%，則既發債券利率3%的投資吸引力增加，債券價格上漲

09 信用評等公司的評價 導致債券利率變動

投資人經常會把信用評等當成投資判斷的參考。
信用評等公司的評價也是大幅左右利率變動的因素。

　　若持有債券的發行單位破產，有可能無法收回投資的債券本金與利息。此一風險被稱為「**違約**（default，債務不履行）風險」。另一方面，若投資人不清楚債券的違約風險，便無法安心投資公司債或政府公債。**針對債券等金融商品或發行單位的債務清償能力等進行綜合評價的公司稱為信用評等公司。信用評等公司以英文字母等易於了解的符號，提供與債券安全性相關的資訊。**

公司評等與利率的關係

找一家公司來投資吧

購買

投資人

信用評等公司會透過英文字母易於理解的符號，提供債券安全性的相關資訊。

透過信用評等，提供風險資訊

你打算投資的公司，信用評等為〇〇。

信用評等公司

具代表性的信用評等公司，包括美國的「標普全球評級」（S&P Global Rating）與「穆迪公司」（Moody's Corporation）等。**考量債券的違約風險後，附加的利率被稱為「風險溢酬」**（risk premium）。信用評價會改變債券發行單位的資金調度成本，即風險溢酬。債券的利率在發行單位的信用評價較高時，風險溢酬較低，利率也較低。若發行單位的信用評價較低時，風險溢酬較高，利率也較高。此外，信用評等的評價產生上下變化時，信用評價降低者，風險溢酬增加，利率上升。若信用評價提升，則風險溢酬減少，利率降低。**信用評等評價低的公司，若不提高發行債券的利率，便不足以吸引投資人購買，即籌措資金的成本會提高。**

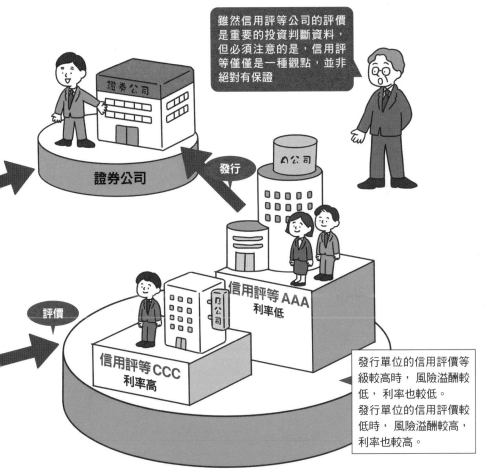

雖然信用評等公司的評價是重要的投資判斷資料，但必須注意的是，信用評等僅僅是一種觀點，並非絕對有保證

證券公司

發行

A公司

信用評等 AAA
利率低

評價

信用評等 CCC
利率高

發行單位的信用評價等級較高時，風險溢酬較低，利率也較低。
發行單位的信用評價較低時，風險溢酬較高，利率也較高。

第4章
10

企業資金需求與銀行貸款利率是一體兩面

導致貸款利率上下變動的重大因素是企業的資金需求。
貸款利率主要取決於資金的供需平衡。

　　景氣一活絡，企業會想投資設備或新事業，**資金需求**因此增加，**貸款利率**會上升。相反的，當景氣低迷時，企業也轉為減少花費，資金需求會減少，貸款利率也會降低。日本經濟至1990年代初期為止，受到泡沫經濟的景氣繁榮影響，製造業為了增強生產能力，零售業則為了擴充店鋪，企業資金需求增加，當時處於資金不足的狀態。然而，當泡沫經濟崩潰，日本經濟狀況惡化，自1990年代後半至2000年代前半，企業資金需求持續大幅減少。

泡沫崩潰後的日本

目前不會進行設備投資

泡沫經濟崩潰之後，企業資金需求大幅減少，日本中央銀行為此祭出「零利率政策」。

若企業資金不足（資金需求增加），則銀行的貸款利率上升。相反的，當企業資金有餘（資金需求減少），則銀行的貸款利率會降低。企業的資金需求與銀行的貸款利率是一體兩面的關係。此外，若企業的資金需求增加，則銀行的資金需求也增加，在短期金融市場中會產生利率上升的壓力，中央銀行也會提高利率。如此一來，銀行調節資金的成本上升，銀行的貸款利率也上升。相反的，當企業的資金需求減少，則銀行的資金需求也減少，在短期金融市場中產生利率下降的壓力，中央銀行也會降低利率。這麼一來，銀行調節資金的成本下降，銀行的貸款利率就會下降。

貸款利率上升的過程

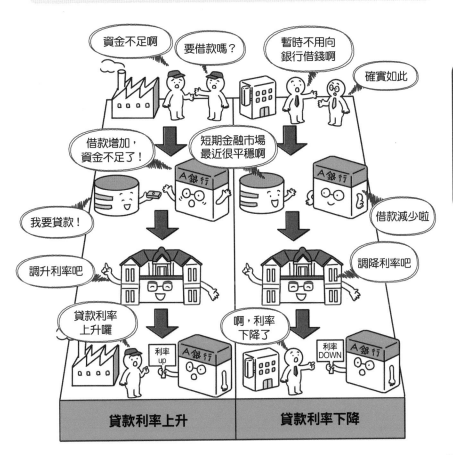

第❹章

11

個人金融資產流向
對利率影響重大

個人金融資產的流向，對利率會產生何種影響？

　　現今的日本，在政府、企業與**家戶**（個人）中，剩餘資金最多的是「家戶」部門。人們透過存款、支付年金或壽險等保險費，向金融市場提供資金，而存款對銀行而言是最重要的資金來源。在2023年9月底的時間點，個人金融資產超過2,121兆日圓，其中現金、存款是1,113兆日圓，成長幅度達1.2%。日本民族性更重視安全，一般股票和投資信託的比例偏低，但因2023年股市走高，帶動股票、投資信託資產大增，「投資信託」大增17.4%至101兆日圓，「股票」暴增30.4%至273兆日圓，連續第三季呈現增長，創下歷史新高紀錄，「債權」成長8.5%至28兆日圓。（台灣情況請見4-3）

存款比率高的日本

存款

一點一滴把錢
存起來最棒了

投資

風險資產令人不安

· 股票
· 投資信託等

預期有高報酬，但也可能會損失本金的金融商品被稱為「**風險資產**」。股票、投資信託或外幣存款等皆屬於此類金融商品，不過到目前為止，日本大眾對投資風險資產較為保守。然而，目前由於超低利率長期持續，投資報酬率更高的項目像個人可投資的政府債券的人數正在一點一點增加。個人金融資產的流向，也會對利率產生重大影響。**若景氣惡化，比起存款，投資於固定利率債券的比率會增加。結果，將導致到債券價格上升和利率下降，造成長期利率下降。相反的，若景氣回溫的趨勢強勁，比起債券、股票或投資信託的投資金額增加，將引起債券價格下降和利率上升，造成長期利率上升。**

負利率
帶來「衣櫃存款」
熱潮？

　　日本受到負利率政策的影響，個人的存款利率雖然目前看起來不會立刻轉負，但可以想像，飽受負利率之苦的民營銀行，將會以某種方式將成本轉嫁給存款戶。實際上，已有銀行開始評估是否要向存款帳戶客戶，收取「帳戶維持管理手續費」。

　　防止上述影響的方法之一，是以現金型態保管自己財產的「衣櫃存款」。以個人持有現金而非存入銀行，來保護個人資產避免利率波動和銀行服務變化的影響。

　　雖名為衣櫃存款，但為了認為將大量現金留在家中風險過高的人，銀行提供保管箱租賃服務，使用這

項服務的人似乎增加了。

　　2016年日本中央銀行發布導入負利率政策，也有資料顯示小型金庫的銷量增長了。有人認為，因日本導入個人編號制度，導致不願意個人資產狀況被掌握的人增加。無論理由為何，相信改變資產管理習慣，改為衣櫃存款的需求並不小。

第 5 章

將利率走勢活用於經濟預測

解讀能事先預測經濟發展方向的利率走向，
可以寫下預測經濟的腳本。
讓我們一起探索可在日常生活和商業中活用，
能剖析利率變動的線索。

01

可用於經濟預測的 3種利率

我們能活用3種利率,預測經濟動向。
一起來統整它們各別的特徵吧!

有3種利率可預測景氣:「**政策利率**」、「**10年期公債殖利率**」與「**公司債殖利率**」。以時間長短為分類基準,金融資產的利率可以大致區分為不滿1年的「短期利率」,以及超過1年以上的「長期利率」。政策利率屬於前者的短期利率之一。如同至今各章節說明,中央銀行誘導市場利率往政策目標移動為目標,透過貨幣政策調控政策利率。我們在日常生活中接觸到的存款或貸款利率,期間較短的利率也是以政策利率為基準。

理解3種利率

購入債券、持續持有至到期日為止的年化利率稱為「流通利率」。10年期公債殖利率代表10期間政府債券的利率,是接下來左右10年市場利率的參考基準值。

由國家決定期間與利率,發行債券

由於本公司信用評等高,所以籌措資金的成本比同業其他公司低

② 10年期公債殖利率

中央銀行一邊觀察景氣狀況,同時調控市場貨幣流通量

① 政策利率

③ 公司債殖利率

由於民營銀行之間的短期相互借貸利率(政策利率)會影響市場利率,所以中央銀行主導的貨幣政策,對人們的日常生活產生極大影響。

由企業發行的公司債與政府公債同為債券的一種。相對的,公司的信用能力(償債能力)愈高,則利率愈低(籌措資金成本較低)為特徵。

長期利率之一的10年期公債殖利率，則是國家為了籌措資金，設定期間為10年，所發行的債券利率。**政策利率大幅受到中央銀行貨幣政策的影響，而10年期公債殖利率則是飽受景氣的影響**。跟政策利率相較，期間較長的存款或貸款利率，會以10年公債殖利率為一種參考基準。公債由國家發行，公司債則以企業為發行單位。公司債殖利率是指公司債在債券市場的流通利率，可以說是企業籌措資金的成本。每家企業發行的公司債流通利率，取決於各家企業的信用評等而不同。所謂的信用評等，指的是能否按時償還本金與利息的能力。一般而言，大家認為國家比該國企業的信用評等高，所以相同期間的政府公債殖利率通常低於公司債殖利率。

調節貨幣供給量的中央銀行

現在差不多是調降利率的時機了吧

景氣還一直不好啊

當景氣低迷時，調降政策利率，增加貨幣供給量。當景氣活絡時，則持相反做法。這便是基本的貨幣政策。

利率調降，我更容易借到錢了呀

資金不僅流入企業，也流向個人，景氣可望復甦。

貨幣政策是一國中央銀行，為了穩定經濟，改變政策利率並調整貨幣供應量的行為。

因利率下降，借款更容易，更多資金將流入市場。

此時調高利率稱為升息（貨幣緊縮），調降利率則稱為降息（貨幣寬鬆）。

第⑤章
02

標示利率走向的「殖利率曲線」

殖利率曲線以債券利率為縱軸，以到期日為橫軸。
該曲線在測知市場變化上，能夠發揮極大功用。

呈現債券至到期日為止的利率與償還期間（剩餘年數）的關係曲線，稱為「**殖利率曲線**」（yield curve）。在預測將來的利率走向時，具有極大功用的圖表；具體來說，**它的縱軸與橫軸分別為殖利率與到期日，依序連接長期與短期利率的折線圖**。殖利率曲線反映了當下景氣和物價走勢、未來經濟預測，以及貨幣政策等多重因素。因此殖利率曲線也反映了市場參與者對未來利率的預期。

殖利率曲線的種類

正常（正斜率）
償還期間愈長、利率愈高的正斜率曲線。這是由於投資人認為未來利率將會上升並期待高報酬率，所形成的圖形。常見於經濟成長期與景氣擴張期。

平坦
長短期利率沒什麼差異的水平曲線，可見於當景氣從擴張轉向衰退期，或從衰退期轉向擴張期。當短期利率下降時，也可能預示著經濟衰退的徵象。

倒掛（負斜率）
當上升的短期利率高於長期利率水準時，呈現負斜率的倒掛殖利率曲線。此種長短期利率的逆轉現象經常代表景氣衰退的預兆，市場關係者的警戒心與保守程度將會提高。

曲線傾斜與否可說是對未來經濟預測視覺化的結果。
今後利率是上升或下降，可藉由殖利率曲線圖，做出
高度準確的預測。

隨狀況變化的殖利率曲線圖形，大致可分為三種代表性形狀模式。分別為「**正常**」（正斜率）、「**倒掛**」（負斜率）與「**平坦**」。正常殖利率是左低右高（斜率為正）的曲線。當比較多人預想未來利率會上升時，就會出現此種形狀。**基本上，債券的償還期間愈長，由於會產生回收成本等風險，利率會愈高。因此，景氣活絡時期通常會出現正常殖利率。**而倒掛殖利率，則與正常殖利率相反，是左高右低（斜率為負）的曲線。這表示預想將來利率下降的人比較多。**由於出現此種圖形相當於預測景氣會惡化，所以出現殖利率倒掛時，金融市場的警戒心將會提高，對投資態度轉趨保守。**平坦殖利率則是殖利率曲線線條近乎水平。若預測利率近乎水平的人比較多，就會出現這種圖形，常見於景氣更迭轉換時期。

發生於泡沫經濟崩壞後的殖利率倒掛現象

1991年5月的日本殖利率曲線

日本「失落的十年」是由此開始的啊

據說這也是造成就業冰河期的重要因素

這是景氣一惡化，長期利率就會下跌的典型例子

教科書等級的倒掛殖利率曲線啊

至2002年的「伊邪那美景氣」＊（Izanami）為止，景氣持續低迷不振啊

發生於泡沫經濟崩壞後的1991年上半年，無擔保拆款利率的倒掛殖利率曲線。這是多數市場關係人預測未來景氣將會惡化的結果。

＊自2002年2月至2008年2月，約73個月的景氣繁盛期，引用《古書記》與《日本書紀》中的女神名來為景氣擴張循環命名

03 引發景氣循環波動的 「信貸週期」與「貨幣政策循環」

景氣循環波動，繁榮與蕭條重複交替。
引發此波動的是信貸週期與貨幣政策循環。

　　景氣不斷變動，若拉長時間客觀來看，可以發現有大波動，而且往往具有繁榮（好景氣）與蕭條（不景氣）重複交替的傾向。這稱為「**景氣循環**」現象。而**推動景氣，引發大波動的便是「信貸週期」與「貨幣政策循環」。其中信貸週期，顧名思義是由信用評等（獲得信貸資金的難易程度）所產生，而貨幣政策循環則是由貨幣政策的變化歷程所形成的週期循環**。換言之，為了準確預測景氣波動，了解此二者非常重要。

景氣循環

信用評等是指由財務面檢視企業是否穩健。而呈現景氣與信用評等關係的是信貸週期。**概略來說，是指以10年為週期，重複籌措資金利率下降（景氣好轉）→借款金額擴大（信用收縮）→籌措資金利率上升（景氣惡化）→借款金額縮小（信用擴張）的循環**為特徵。此外，貨幣政策循環則是代表景氣與貨幣政策之間的關係性。此一循環**大致以5年為週期，重複景氣好轉→貨幣緊縮（升息）→景氣成長減速→貨幣寬鬆（降息）的循環**。在日常生活中，人們實際體驗景氣的變動。當景氣好時，獎金增加、股票配發的股利金額提高，多數人都能實際感受。當然，不僅是景氣好的時候，不景氣之際也會發生相反的狀況。無論如何，貨幣政策循環都能夠解釋說明景氣波動的浮沉起落。

信貸週期與貨幣政策循環

第⑤章

04 信貸週期是 「銀行融資態度」的週期循環

為了應對10年出現1次的金融危機，想了解銀行的融資態度，
解讀信貸週期非常關鍵。

信貸週期反映了銀行的融資態度。**週期可區分為「風險偏好」、「財務槓桿」、「風險規避」與「財務緊縮」4階段，大概以10年為循環，重複上述各階段**。風險偏好階段指的是因景氣上揚，企業的業績預測前景看好，銀行認為是融資放款的絕佳時機。希望透過融資放款，增加利息收入的銀行，以及為了進行大規模設備投資而資金需求增加的企業，兩者的需求一拍即合，銀行的融資放款（企業借款）競爭開始。結果，導致在此一階段景氣蓬勃發展的局面。

銀行的融資態度左右景氣波動

而在財務槓桿階段，銀行積極融資放款的態度雖然沒有改變，但由於借款金額增加，企業的信用開始程度下滑。此時，銀行為了規避或降低壞帳風險，在某些狀況下會將提供給企業的貸款金融商品化並轉售。若進入風險規避階段，則銀行的融資放款態度完全轉為消極。如此一來，企業的業績也將惡化，反映這段時間的後座力，景氣將大幅下滑。而財務緊縮則是開啟新一輪風險偏好階段的重要時期。此時，銀行對於融資放款的態度極端消極，失去籌措資金手段的企業違約（無法清償債務）率將陡然上升。在此種狀況下，企業以恢復信用、償還債務為目標，審視財務狀況，為下個週期做好準備。景氣便如此以10年左右的週期，完成1個循環。

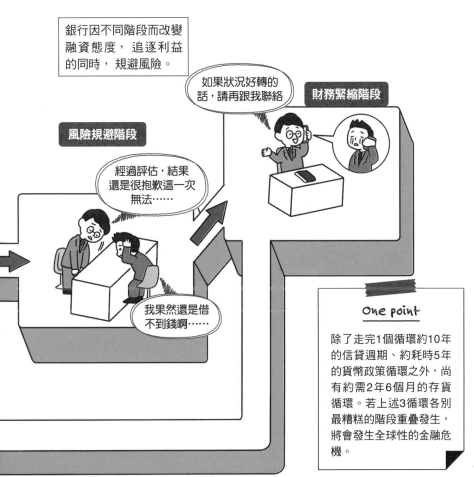

銀行因不同階段而改變融資態度，追逐利益的同時，規避風險。

財務緊縮階段

如果狀況好轉的話，請再跟我聯絡

風險規避階段

經過評估，結果還是很抱歉這一次無法……

我果然還是借不到錢啊……

One point

除了走完1個循環約10年的信貸週期、約耗時5年的貨幣政策循環之外，尚有約需2年6個月的存貨循環。若上述3循環各別最糟糕的階段重疊發生，將會發生全球性的金融危機。

05 將「公司債利差」用於預測景氣衰退

透過關注信貸週期中，公司債利差與股價之間的關係，能夠預測景氣衰退。

將同年期的公司債殖利率減去政府公債殖利率所得出的數值為「**公司債利差**」（spread）。**由於景氣一進入衰退階段，銀行變得不願意借出企業資金，公司債的殖利率將提高，這必然導致資金籌措成本上揚**。因此，信用評等較低的公司債券利差通常會擴大。而當景氣活絡時，企業的信用程度提高，所以會發生與前述相反的現象，公司債利差將會縮小。由於此一擴大、縮小的循環大致以10年為週期，因此公司債利差被定位為掌握信貸週期的有效指標。

何謂公司債利差？

將期間相同的公司債殖利率－公債殖利率＝公司債利差。單位為「％」或「基點」（BP，basi point，表示0.01％）。信用評等愈高，則公司債殖利率愈低，公司債利差也會縮小。

我們公司的信用評等是A，所以應該是這樣吧？

敝公司的信用評等為BB，是長這樣。

公司債利差

公債殖利率

公司債殖利率

在信貸週期中，風險偏好至財務槓桿的階段，通常比風險規避至財務緊縮的階段長。在此期間，股價雖會緩慢上升，但一旦進入風險規避階段就會在短時間內下跌。預先為股價下跌準備，希望察覺風險規避階段的到來，但實際上，若不在進入財務槓桿階段時就察覺便為時已晚。在這種狀況下，追蹤公司債利差的變化十分有效。**當在風險偏好與財務槓桿階段時，股價的走向雖然極為相似，但公司債利差的變化是對照組。股價上升與公司債利差擴大同時發生，可說是財務槓桿階段的特徵，也是危險信號**。即使股價同樣都是上漲，但公司債利差在風險偏好階段會縮小，在財務槓桿階段則會擴大。明確判斷二者是關鍵。

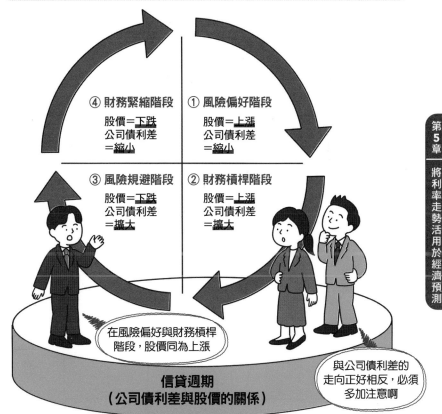

要留意「股價上漲＋公司債利差擴大」的警訊

④ 財務緊縮階段
股價＝下跌
公司債利差
＝縮小

① 風險偏好階段
股價＝上漲
公司債利差
＝縮小

③ 風險規避階段
股價＝下跌
公司債利差
＝擴大

② 財務槓桿階段
股價＝上漲
公司債利差
＝擴大

在風險偏好與財務槓桿階段，股價同為上漲

信貸週期
（公司債利差與股價的關係）

與公司債利差的走向正好相反，必須多加注意啊

第⑤章
06

以四季比喻貨幣政策循環

區分為4個階段的貨幣政策循環，
能夠以春夏秋冬的四季變化來比喻。

　　貨幣政策可以大致區分為4個階段，能以四季來加以比喻各階段不同的特色。**春天是景氣初萌芽的季節，發出的嫩芽到了夏天則繁茂盛開，來到秋天開始讓人覺得有些涼意，不久吹著凜冽寒風的冬天就會到來**。這樣的說法或許有些極端，但差不多就是這樣的形象。經過一輪四季變化後，意味著溫暖的春天即將來臨。長期利率（10年期公債殖利率）與短期利率（政策利率）也會隨上述季節變化，而產生各自不同的變動，所以讓我們來記住相關特點吧。

長期利率領先短期利率，反映景氣波動

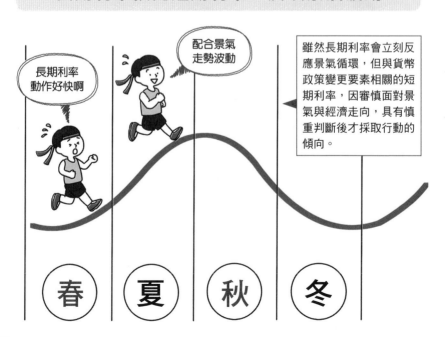

長期利率
動作好快啊

配合景氣
走勢波動

雖然長期利率會立刻反應景氣循環，但與貨幣政策變更要素相關的短期利率，因審慎面對景氣與經濟走向，具有慎重判斷後才採取行動的傾向。

春　夏　秋　冬

若春天長期利率上升，則到了夏天短期利率就會提升。而秋天若長期利率下降，則到了冬天短期利率會下降。**長短期利率的變動相差一季節**。理由在於長期利率主要受景氣波動影響，而短期利率則主要取決於貨幣政策。在春天景氣回溫，資金需求增加，則長期利率會上升；到了秋天，景氣失速惡化，資金需求減退，長期利率便會下降。對於景氣變化非常敏感的長期利率，可以說是**景氣晴雨表**（barometer）。相反的，短期利率是謹慎派。相較於與景氣並肩同行的長期利率，短期利率在判別景氣走向之前，不會輕舉妄動。貨幣政策的大規模變化對市場利率影響很大，因此在確認景氣走勢的同時，謹慎執行。無法僅靠當下狀況反射式的立刻決定降息或升息。

貨幣政策的四季有各自特色

終於有陽光，要回暖啦

春　景氣回溫，長期利率上升。

夏　景氣來到高峰短期利率追隨長期利率的腳步上升。

冬　景氣成長減速，長期利率下降。

秋　景氣明顯衰退，短期利率也下降。

當景氣從冬季到春季的低谷，從夏季到秋季迎向景氣高峰時，中央銀行在降息或升息前，會仔細評估景氣趨勢。結果會產生貨幣政策的「觀望」期，短期利率在春季和秋季趨於水平。此期間大約耗時1年，是短期利率動作的時間差。

07 長短期利率差距縮小是景氣衰退的徵兆

由於長短期利率差的變化反映了長期與短期利率變動的差異，因此可當成景氣先行指標，能發揮極大功效。

　　「**長短期利率差**」如同字面所示，表示長期利率與短期利率的差異。長期利率減去短期利率的數值，被視為**景氣先行指標**。長期利率較短期利率高，絕大多數的利率差為正值。此長短期利率差的變化，是因長期利率的動向領先於短期利率所產生。**由於它被認為是景氣的先行指標，若能夠牢記長短期利率差的概念，便可以高度準確預測未來的經濟趨勢**。此外，長短期利率差存在著數值反轉（由正轉負）的階段。若如前述同樣以四季來打比方，便是出現在夏秋交替的時節。

行動派的長期利率與謹慎派的短期利率

不跟上這波浪潮，還等什麼！

還沒還沒，再等一下

相對於長期利率與景氣循環同步啟動，短期利率會晚一拍才開始動作。兩者性質上的差異，將會體現在長短期利率差的變化上。

即使到了春天，長期利率開始上升，但短期利率仍是謹慎派。由於短期利率持續保持靜止，所以長短期利率差逐漸擴大。到了夏季，短期利率終於在貨幣政策影響下，開始有了動靜、展開升息。此時短期利率在某種程度上，迎頭趕上先行啟動的長期利率，縮小了長短期利率差。而當秋天初露徵兆，便是景氣即將開始減速的訊號。此時謹慎派的短期利率維持上升趨勢，走向暫時不會改變。另一方面，對於景氣波動極為敏感的長期利率，則已經嗅到秋天後即將到來的冬天氣息，準備降息而開始下調。這便是在夏秋交替時，長短利率差出現反轉（由正轉負）的原因。**我們可以將夏天的貨幣政策，在貨幣緊縮階段（升息）長短期利率差出現負值，視為冬天景氣減速階段（降息）腳步已近的訊號。**

當長短期利率差反轉時，寒冬就快來臨

冬天快到啦

當長短期利率在夏秋換季時出現反轉，貨幣緊縮階段就算結束，景氣進入放緩階段（秋季）。這麼一來，景氣衰退階段（冬季）即將來臨。

第⑤章 08 從名目GDP，解讀長期利率趨勢

長期利率的走勢雖然會反映在名目GDP的變化上，
但由於日本經濟在異次元貨幣寬鬆政策下，目前仍難以預測。

日本中央銀行（日銀）的貨幣政策左右短期利率的變動，因此短期金融市場又被稱為「日銀後院」。另一方面，**長期利率則是取決於「預期實質成長率」、「預期通貨膨脹率」（通膨率）與「風險溢酬」等三個主要因素**。預期實質成長率是預期未來實質國內生產毛額（GDP）的成長率；預期通貨膨脹率則是對於未來通貨膨脹的預測值；風險溢酬則是以具風險資產的預期收益率減去無風險資產收益率所得出的數值。其中，關注前兩項，則「預期實質成長率＋預期通貨膨脹率＝預期名目成長率」的公式可以成立。**預期名目成長率包含物價的漲跌起伏，代表對於未來經濟成長率的預期值。**

長期利率如何決定？

長期利率的決定方式
一般而言，取決於以下三個主要因素。

預期實質成長率

預期通貨膨脹率

風險溢酬

若以這些比率為基礎，解讀名目GDP的變化，就能夠了解長期利率今後的走向

短期利率的決定方式
短期金融市場是「日銀後院」。市場會根據日銀政策而後動。

經濟成長的變動會反映在同期的「**名目GDP**」上（包含物價變動在內的國內生產毛額）上，觀察此數字能夠解讀長期利率的走向。問題在於，目前日本的債券市場已失去了健全的市場機能。日銀從利率調控過往的景氣對策，轉向為擴大資金供給量，以脫離通貨緊縮為目標的量化、質化貨幣寬鬆政策（異次元貨幣寬鬆政策*）。儘管採取了偏離常規框架的貨幣政策，但現狀是名目GDP的增長速率無法超越目標值2%的情形依然持續。目前日本可說是處於利率總體環境的運作邏輯難稱健全的狀態，因此不太能預測前景。

2%的高牆障礙難以突破

one point

在幾乎沒有強勢題材支撐下的日本經濟，難以認為名目GDP能夠穩定成長。

貨幣政策好難啊

這真是一座難以超越的高牆……

風險資產價格變動風險的對價是風險溢酬。日本的慢性長期財政赤字，將來可能導致大幅的風險溢酬。

*2013年當時的日銀總裁黑田清彥推出的貨幣政策。日銀於2023年7月的金融政策決定會議後，宣布修正殖利率控制策略。外界視為日銀將鬆動並讓市場決定長期利率，也是日本央行在歷經10年的「異次元寬鬆」政策後，將回歸正常化的徵兆。

第❺章

09 爲什麼日本的利率低於歐美國家？

相較於歐美各先進國家，日本的利率持續處於顯著的低水位。
大家覺得理由何在？

由於物價一上升，資金需求就會增加，這成為推動利率上升的主要因素。因此，就目前**日本利率**的現狀而言，實情是無論是預期的未來經濟成長率、通脹率都低於歐美國家。因此，在可預見的未來，長期利率不太可能大幅上升。事實上，相較於美國，日本的長期利率都在低水準區移動變化。歷經2008年下半年的世界金融危機後，歐美各國的主要政策利率也變得跟日本相同水準。除了後來開始升息的美國以外，歐洲各國的短期利率也處於與日本相去不遠的低水準區。因為具有決定性差異的是長期利率。

與歐美各國相較⋯⋯

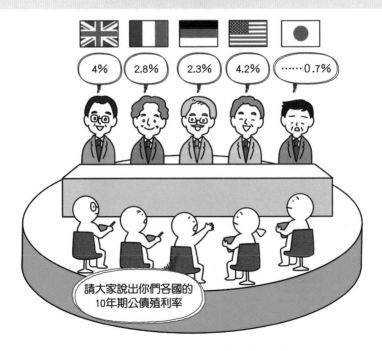

4%　2.8%　2.3%　4.2%　⋯⋯0.7%

請大家說出你們各國的
10年期公債殖利率

若檢視10年期政府公債殖利率，相對於日本逼近於0.7%，德國約為2.3%、法國約為2.8%、英國約為4%，美國則約為4.2%（2024年2月）。原因非常簡單，日本預期GDP成長率低於歐美各國。2022年2月俄羅斯入侵烏克蘭等外部因素，導致物價上漲。然而，由於需求減少等通貨減縮的總體環境架構並未有重大改變，日本的長期利率仍然維持在低水準。存款利率趨近於0%不能說是正常狀態。但日本經濟疲軟，若日本央行強行升息，導致日圓兌換美金的急遽升值等，可能會對經濟產生重大的負面影響。

低利率反映了日本經濟的實際狀況

10 關注央行貨幣政策會議的結論

要得知日本央行針對目前經濟現況所採取的立場,「貨幣政策會議」與「經濟與物價情勢展望」是重要線索。

在預測利率動向上,必須知道央行對於經濟現狀與前景的看法。在日本具體而言,是關注「**貨幣政策會議**」的結論,以及每年公布4次的「**經濟與物價情勢展望**」(展望報告)。貨幣政策會議是決定日本貨幣政策的重要場合,由日本央行政策委員會每年舉行8次。特別值得一提的是,會議結論會在會議結束後,以「當前貨幣政策營運」的文稿形式,迅速公布。這份不可錯過、即時性極高的公開文件中,有4項關鍵內容。

掌握日本中央銀行貨幣政策的方向性

每年舉行8次的「貨幣政策會議」結論,除了在會議結束後,進行央行總裁記者會之外,包含「經濟與物價情勢展望」(展望報告)在內的重要資訊,全都會刊載於日本中央銀行的官方網站上。

LIVE 日本中央銀行總裁記者會

喔,日本央行總裁的記者會開始了

不知道利率的走向會如何變化呢

可在官方網站上確認細節吧

①長短期利率操作的目標水準與購入資產的政策方針；②景氣、物價與貨幣情勢的現狀認知與前景預測；③針對預測的風險因素，以及④基於上述3項的貨幣政策營運方針。以上4項除了記錄在公開文字資料中，在會議結束後，日本央行總裁會舉行記者會。當然，光是這樣就已是相當充分的資料了，不過若想要知道更詳細的資訊，則必須等待一定的時間。會議中的主要意見會在會議結束後1～2小時內公開，會議紀錄摘要在會議結束後一週內發表，詳細會議紀錄則在十年後公開揭曉。此外，更為完整的日本央行經濟預測，可以從每年1、4、7與10月公布的「經濟與物價情勢展望」得知。展望報告呈現了景氣和物價的現狀認知與前景預測，以及針對未來幾個年度實質GDP與消費者物價指數的預測數據。

將物價變動數字化的消費者物價指數

當社會上資金充沛，購物的人數增加，則物價便會上升。

看記帳簿真讓人頭痛……

口袋飽飽，買東西輕鬆愉快

物價變動

當資金流通趨緩，購物的人數減少，則物價下降。

One point

觀察物價變動十分有效的消費者物價指數，有日本全國與東京都區部兩種。此外，除了以所有商品為統計對象的「綜合指數」外，也會發布除去價格變動劇烈的生鮮食品，以超過500項商品為統計對象的「綜合指數」（生鮮食品除外）。

消費者物價指數（Consumer Price Index，CPI）是代表消費者購買商品與服務價格基準的統計指數，每月由日本總務省公布，是反映國民生活水準的指標之一（台灣情況見5-1）

第⑤章

11

從期貨交易價格，解讀利率走向

在以短期利率為商品的「利率期貨交易」中，
觀察期貨價格的走向能解讀利率的未來動向。

　　約定在未來某個時間點買賣某種商品，提前訂立合約的交易稱為「期貨交易」。相對於此，實際交付商品並收到貨款的一般交易則稱為「**現貨交易**」。期貨交易若簽訂合約後，價格出現大幅變動，則交易的其中一方在買賣時間點可能會產生損失。為了解決這個問題，後來形成即便在約定的交割日期（雙方履約日期）前，也允許買賣交易的機制。**交易雙方僅交付交割日前因價格波動而產生的差額（價差）、而不交付實物的交易方式稱為「價差結算」**。

期貨交易的機制

我賣出

我購入

這是商品

這是價款

價格比3個月前更高了

現在

3個月後（將來）

相對於當場交付物品與價款的現貨交易，約定在特定日期以交易時間點決定的價格，進行買賣者為期貨交易。

雖然事先決定交割（履約）日期，但為了對沖（hedge）商品價格變動的風險，在交割日期前也能夠進行買賣。

利率期貨交易也與一般的期貨交易無異，都是在事前決定的交割（履約）日期，按照事前決定的條件進行交易的契約。不過交易對象不是商品，而是短期利率。在日本以利率或金融商品為對象的金融期貨交易，是在東京金融交易進行。此外，利率期貨的價格是以「100－利率（年利率%）」的形式呈現。例如，當利率為0.075%時，則利率期貨為100－0.075＝99.925。我們也能夠從期貨價格的變化，解讀出利率的走向趨勢。**例如，若期貨價格上升則代表利率下降，相反的當期貨價格低落則代表利率上升**。在過去，可以通過觀察利率期貨市場的走勢來預測未來的利率水準。然而，由於近期期貨交易量減少，藉由期貨行情來進行預測逐漸變得困難。

何謂價差結算？

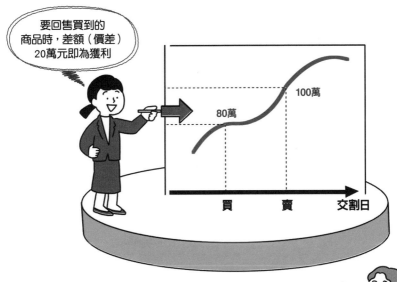

要回售買到的商品時，差額（價差）20萬元即為獲利

80萬

100萬

買　賣　交割日

價差結算
不交付現貨、僅就因價格變動產生的價差，進行交易的方式。例如 A 約定向 B 買入某項商品，2 個月後以時價將商品回售給 B。若 2 個月後，該商品價格上升，差額則成為 A 的收益。

由於價差結算交易毋須交付現貨，所以未持有現貨者也能夠進行交易

第⑤章

12

解讀利率與經濟動向的 5項經濟指標

有許多經濟指標對於掌握景氣或物價走向十分有幫助。此處舉出5項指標，對於解讀利率動向也能發揮功能。

日本經濟產業省每月公布的「**工業生產指數**」，是將工礦業（製造業核心產業）的生產、出貨、庫存狀況加以指數化的指標。由此可以掌握「庫存循環」的狀況。所謂的庫存循環，指的是企業庫存增減變化的波動。接下來，則是日本中央銀行每季公布的「**日銀短觀報告**」（全國企業短期經濟觀測調查）。日銀以企業為對象，進行大規模問卷統計，針對關於景氣現況與前景的認知，銷貨收入、收益、設備投資計畫的數值等進行調查。由於此指標反映企業思維，所以被視為對日銀的貨幣政策具有重大影響。

5項重要經濟指標

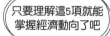

只要理解這5項就能掌握經濟動向了吧

嗯，現在有些指標關注度愈來愈低

① **工業生產指數**
了解製造業的生產活動狀況

② **日銀短觀報告**
了解企業思維（對景氣之觀感）

③ **實質GDP速報**
了解日本經濟的總體狀況

④ **機械訂單**
了解企業的設備投資狀況

⑤ **消費者物價指數**
物價（商品與服務）的基準值

因為政府、日本央行目前正採取不尋常的經濟政策，因此有些指標不具參考價值。

第3項「**實質GDP速報**」是由內閣府每季公布。在各項實質GDP的數值中最早發布，能夠掌握日本經濟的總體狀況。遺憾的是，此數值會在該季結束1個半月後公布。由於缺乏即時性，很難成為推動市場的因素，在金融市場似乎很少被當成參考資料。第4項則是同樣由內閣府每月公布的「**機械訂單**」。這是在設備基本投資的前期階段，統計企業向機械廠商下單時，實際成立的訂單金額。由於此數值領先實際的資本投資約3～6個月，所以可說是關注度高的指標。最後，則是總務省每月公布的「**消費者物價指數**」。這是代表消費者（全國的家戶）購入的商品或服務等的物價基準統計指標。由於對貨幣政策的影響也非常大，所以被視為最重要的物價指標。

日常生活中的感覺也很重要

當價格持續下跌或特賣會很多時，或許是物價低落＝通貨緊縮正在進行的徵兆。

周遭的物品價格持續上升，或許是物價上漲＝通貨膨脹正在進行的跡象。

我覺得最近東西變便宜了，買東西也很輕鬆

你不覺得什麼東西都變貴了嗎？

對對。連特價品都很貴。

大家也不要輕忽一般人在日常生活中體驗到的感受。這是因為各種指標並非萬能，不一定都能準確反映物價狀況。例如，如果東西變得便宜，發現物價下跌的苗頭，可能是市場利率即將下降的先兆。

第⑤章

13 留意解讀「重要人士談話」的訊息

「重要人士談話」也是經濟預測的重要線索，但為了不被誤導，我們必須以發言者的立場為基礎，判斷言論內容。

與各種經濟指標並列，解讀利率走勢最重要的參考是「**重要人士談話**」。所謂的重要人士，是指隸屬政府或中央銀行等主要機關的關鍵人士。為了正確分析此類重要人物的發言（傳遞的資訊），必須要掌握兩個重點。即「**傳遞資訊者的立場為何**」，以及「**對發言者來說，他所傳遞的訊息如何被解讀對自己最有利**」。也就是說，我們必須要設身處地從資訊傳遞者的角度來思考。

不能只注意結論

目前經濟無法擺脫長期性停滯

目前找不到出口，大家都束手無策

即使是沒有根據的言論，一旦作為結論被說出口，便產生了說服力。重要的是，仔細檢查全部陳述，才能牢牢掌握具體資訊和說話者隱藏的真意。

話雖如此，對於目前經濟的前景，我個人十分樂觀

全都是令人喪氣的內容啊

好吧，至少不是說謊

就是啊。我們國家沒問題的。

正面的敘述不是只有最後這一部分嗎？而且，還缺乏具體內容

透過設身處地從發言者的角度思考，會看到至今未曾見過的內容。此時**雖然是個人發言，但言論內容其實包含了對方所屬機關組織的意圖。而且，此種意圖經常是隱而不顯的。發言內容若可能對政治經濟造成重大影響，則更是如此**。正因為如此，解讀真正的意圖相形之下就更重要。當政府官員在演講或記者會上，針對經濟趨勢發表評論時，通常會以樂觀的論調結束，但我們也必須謹慎面對。政府重要人物以負面內容結束談話的狀況十分罕見。而媒體為求速往往僅擷取結論內容，不過若想了解事實，請檢視整體發言內容並找出他們傳遞訊息背後的真實意圖。

重要人物言論的常見技巧

官方說法

未來股價肯定會上漲！

這是市場上經常聽到的「官方說法」。這是有利於自己立場的政治性發言，是出於自身期望的主觀內容。

打預防針

我們可能因此再度轉向通貨緊縮

為避免預測或預報落空時，預先準備的逃生路線稱為「打預防針」。這是重要人物在發表言論時，經常使用的技巧。

經濟預測的重要3步驟

　　在預測經濟趨勢上，重要的是採取：①資訊收集、②資訊分類選擇，以及③建立預測3個步驟。藉由重複上述3步驟並每次調整、修正，就能夠做出高度準確的預測。

　　首先是資訊收集，有必要廣泛收集國內外的新聞或網路媒體、政府機構所公布的資料等。不過，掌握的資訊愈多，整理起來就愈困難，而且得到錯誤的資訊的可能性也增高，所以要多留意。

　　進行下一步驟，即資訊分類選擇。這是依據資訊的重要程度，加以取捨選擇與分類的程序。由於資訊的重要程度並非固定不變，而是會時刻產生變化，所

以必須有能力掌握這些變化並選擇必要的訊息。

　　最後的步驟是建立預測，彙整選定的資訊，以建立預測經濟趨勢的假設。就利率市場而言，可根據「景氣」、「物價」、「貨幣政策」、「財政政策」、「供需」等5大分類來建構假設，在整理資訊的同時，更容易做出準確的預測。

第 6 章

日常生活中實用的
利率機制

在我們的生活中，
許多事情是由利率機制所驅動。
從知道利率知識就有所得，
到不知道利率知識就有所失，
大家來看看利率機制能夠如何幫助我們聰明過每一天生活。

01 機動還是固定？
你怎麼選房貸利率？

房屋貸款可以區分為機動利率與固定利率。
根據不同狀況，聰明地選擇吧。

　　房屋貸款可以區分為「**機動利率**」與「**固定利率**」。機動利率在貸款期間內利率會變動，若是你預測長期利率呈下降趨勢，選機動利率較為划算。此外，日本房屋貸款的機動利率有「5年規則」。此一規則代表即使利率上升，在5年期間內每月的還款金額維持固定不變。5年之後尚有「125%規則」，即自第6年開始，每月還款金額以至今為止還款金額的125%為上限。不過，即使每月還款金額有上限，因升息而增加的利息金額也不會減少。

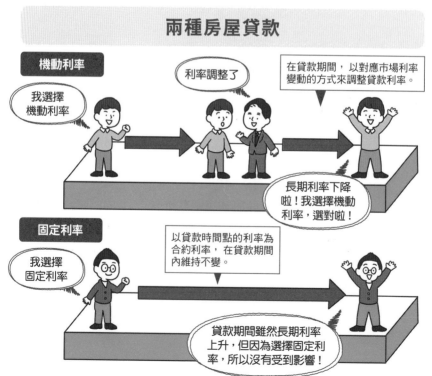

兩種房屋貸款

機動利率

我選擇
機動利率

利率調整了

在貸款期間，以對應市場利率
變動的方式來調整貸款利率。

長期利率下降
啦！我選擇機動
利率，選對啦！

固定利率

我選擇
固定利率

以貸款時間點的利率為
合約利率，在貸款期間
內維持不變。

貸款期間雖然長期利率
上升，但因為選擇固定利
率，所以沒有受到影響！

若選擇固定利率，那麼在一定期間內利率維持不變。不過若貸款期間愈長，則利率愈高。固定利率又可分為：「階梯利率型」（利率階段性上升）、「固定利率期間選擇型」（依據契約期間在1～10年後，選擇更動調整利率類型）、「全期間固定型」（在契約到期清償貸款前，利率維持不變）3種。由於機動利率與固定利率各有優缺點，在借入貸款時必須試算及審慎評估。此外，要提醒各位讀者留意的是，房貸通常需要較長時間才能還清，所以利率可能會在貸款期間內出現意外波動。（台灣情況請見6-1）

解讀利率走向並進行判斷

第❻章 02 貸款提前清償，改善家庭收支

依據資產與貸款的狀況不同，也有提前還款更有利的「提前清償」例子。

在清償貸款的過程中，**提前清償**可能較有利。**提前清償是指比原本預定的時間，更早將全部或部分本金清償。提前清償的好處在於，提前清償的本金不用支付利息。**（台灣情況請見6-2）提前清償究竟好或壞，能以**資產負債表**（balance sheet）判斷。資產負債表是企業會計使用的工具，也能拿來當成家庭記帳之用。資產負債表左側是存款與不動產等資產，右側則為貸款等負債，透過檢視資產負產表，可以更直觀的了解資產狀況。

減少未來支付利息的提前還款

提前清償
3年份的本金吧

提前償還貸款的部分或全部本金即為提前清償。由於本金減少，所以針對減少的部分毋須支付利息。

本金

35年固定
年利率1.4%

提前償還部分本金的提前還款稱為「部分提前清償」。其中，又可以區分為縮短還款期間的「縮短年限型」，以及減少每月還款金額、但契約期間維持不變的「年限固定型」。

比較資產負債表中的左側資產與右側負債。**因存款的利率低，所以從儲蓄存款中能賺得的金額（利息收入）極少，若與貸款的利率差相比會產生損失，那麼將儲蓄存款的一部分用於償還貸款，提前還款應該較為有利。**若存款減少，存款的利息收入也跟著減少。比較減少的存款利息收入，以及因貸款的本金減少而節省的利息費用，選擇在比較划算的範圍內，提前還款吧。不過，不論計算後如何划算有利，也不能將全數的存款投入提前還款之用。為了能應付意外，應該預留資金。由於一般會準備3個月左右的收入當成生活預備金，若將大致的金額放在能夠隨時提領的活期儲蓄帳戶，應該能比較安心。

以資產負債表來判斷

製作資產負債表能更直觀、比較容易了解自己持有多少資產。也能掌握淨資產（非向他人借來的資產）的金額。

我們家的資產狀況是這樣

因為存款利率低，所以將一部分拿來提前清償應該不錯

資產		負債	
		房屋貸款	1,500萬元
現金／存款	900萬元		
不動產	2,000萬元	**淨資產**	
汽車	100萬元		
			1,500萬元
合計	3,000萬元	合計	3,000萬元

One point　一邊檢視資產負債表，一邊思考將多少存款拿來提前清償。此外，即使將存款用於提前清償較有利，為了以備不時之需，也應該要留下相當於3個月的收入資金。

第❻章
03

降低貸款利率的
「貸新償舊」

若目前的貸款利率較高，就來評估是否要轉換到其他金融機關的低利率貸款吧。

　　如同第152頁所說明的，房貸可區分為機動利率變動與固定利率。簽訂固定利率的情況下，若在利率較高時借款，明明整體環境的利率下降，還是有人必須持續以高利率還款。此時**貸新償舊**是一種可能的手段。<u>**借入當下利率較低的貸款，以此全額清償過去利率較高的貸款**</u>。由於目前支付房貸的金融機關並不會主動告訴貸款人「貸新償舊比較划算喔」，大家必須要自行評估。

轉換爲利率較低的貸款

請以2%的利率持續還款喔

我每個月的還款金額好驚人啊

我們銀行利率只要1.2%喔

A銀行

B銀行

轉換到其他金融機關利率較低的貸款稱為「貸新償舊」。向新的金融機關借入利率較低的貸款，全額清償目前利率較高的舊貸款

轉換貸款的金融機關不限定於一家，而是多方尋找。若向對方提及「其他的銀行提出了這樣的條件」，應該能夠從金融機關獲得更優惠的貸款方案。若能借到低利率房貸，就能夠更便宜的購屋，所以與金融機構協商時，不用猶豫或有所保留。有許多網站可以模擬試算，若執行貸新償舊可從中受益多少。（台灣情況請見6-3）利用此類網站，實際試算能節省多少錢吧。**利率僅僅降低1%，有時房屋購買價格能便宜1成**，因此花功夫找出能稍微降低房貸利率的方法，在節省家庭支出上非常重要。

與多家金融機關協商談判

其他銀行給的條件更好耶

敝行也可以提供特別優惠！

在評估貸新償舊時，先列出多家金融機關候選對象吧。不限定於單一家金融機關，若以「A銀行提出了這樣的條件」等話術協商，應該能獲得更優惠的交易條件。

One point

先前的主流雖然是採取貸新償舊、轉換為機動利率的貸款，2024年出現降息的徵兆，必須要慎選貸款型態。而目前已簽訂固定利率貸款者，請多收集相關資訊吧。

第⑥章

04

超高利率外幣存款的玄機

有高利率、短天期定存外幣商品，但在某些狀況下，大家必須謹慎以對背後暗藏的玄機。

外幣存款為金融商品之一。顧名思義，此種金融商品是以外國貨幣來存款。在日本外幣存款中，有如1個月短天期、但年利率超過10%的高利率商品。一般而言，短期商品的利率低於長期商品是市場原則。在此種高利率的背後可能隱藏了某些玄機。實際上也有第1個月適用超過10%的高利率，第2個月開始回歸一般利率的商品。（台灣情況請見6-4）

超高利率外幣存款的祕密

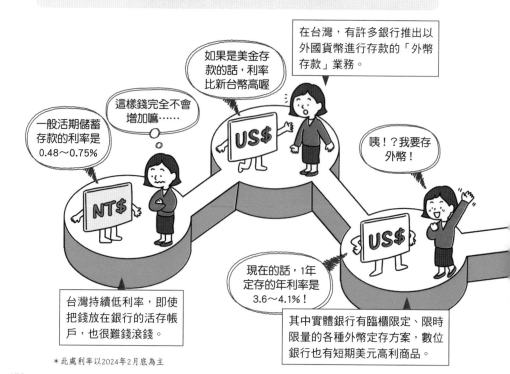

在台灣，有許多銀行推出以外國貨幣進行存款的「外幣存款」業務。

如果是美金存款的話，利率比新台幣高喔

這樣錢完全不會增加嘛……

一般活期儲蓄存款的利率是0.48～0.75%

咦！？我要存外幣！

NT$

US$

US$

台灣持續低利率，即使把錢放在銀行的活存帳戶，也很難錢滾錢。

現在的話，1年定存的年利率是3.6～4.1%！

其中實體銀行有臨櫃限定、限時限量的各種外幣定存方案，數位銀行也有短期美元高利商品。

＊此處利率以2024年2月底為主

從銷售金融商品者的角度來說，會覺得只有首月份利率較高的金融商品是「只在短期內必須支付高利率」，因此才會有高利率短期外幣存款的金融商品。也許各位讀者會認為「雖然只有1個月，不過只要利率高就能獲利吧」，但也不能忘記存、提外幣時，需要支付的手續費。存款的金額愈高，一般而言手續費也愈高。為了避免「1個月的高利率很吸引人，試試看投資外幣存款，結果卻造成損失……」，在行動前先試算吧。此外，也請不要忘記，在日本外幣存款並未納入**存款保險制度**的保障對象（當銀行破產時，保護存款人的保險機制）。（台灣情況請見6-5）

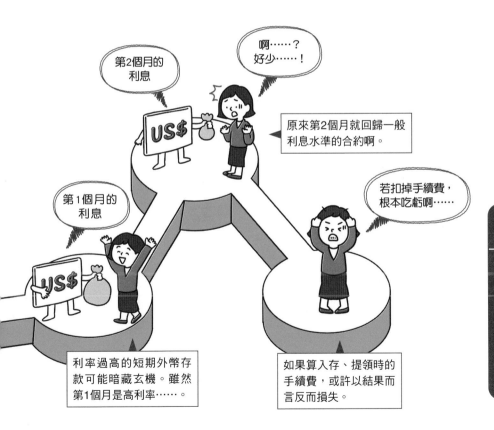

第⑥章 05 固定利率商品中暗藏的「錯失收益風險」

雖然大眾一般傾向認為「固定利率商品不會受到市場利率變動影響，買了比較安心」，但固定利率商品也存在特有的風險。

　　銀行提供的存款或政府公債等金融商品，可以區分為固定利率型與機動利率型。相對於受到市場狀況影響而利率會產生變化的「機動利率型」，利率維持不變的「固定利率型」經常被認為風險較低。**雖然大家傾向認為「固定不會變動，所以安心」，但實際上固定利率型也存在著風險。固定利率型的風險，正是來自利率不變的特質。此種風險稱為「錯失收益風險」。**

因固定利率而錯失獲利良機？

如果是固定利率型商品，我應該就可以放心了吧

市場利率下降

在市場利率下降的情況下，若為固定利率型的金融商品，則利率將維持不變，不會造成損失。

還好是固定利率

市場利率上升

雖然一般傾向認為固定利率型的金融商品風險較低，但也有固定利率特有的風險。

但是，在市場利率上升的情況下，因固定利率型的金融商品利率維持不變，所以無法賺得機動利率型商品增加的利息收入。此種狀況稱為「錯失收益風險」。

所謂固定利率的風險就是這個啊……

所謂錯失收益風險，是指即使市場利率變動，因持有屬於固定利率型的資產，而無法因利率變動而從中獲利。舉例來說，假設購入了固定利率型的金融商品，由於是固定利率型，因此支付的利率水準不變。當市場利率下降時，利息收入不會減少固然非常安心，但相反的，當市場利率上升時，利息收入也不會增加。**若選擇機動利率型能夠獲得更高的收益，就能以風險的概念來呈現錯失的獲利機會**。除此之外，當利率上升時，通常物價也會上升，若持有的金融商品利率未提升，將更進一步造成損失。當利率未上升而物價上升（通貨膨脹）持續時，則資產的實質價值降低，所以稱為「資產減損」。

利率若沒提高，則資產將減損

當利率上升時，原則上物價也會上升。因為固定型利率金融商品卻仍維持簽約時的較低利率，所以若金融商品的價格未見提升，則消費力下降就變得無法購物。此種狀態稱為「資產減損」。

目前持有的資產金額沒有花錢的餘裕……

這是固定利率型的錯失收益風險所導致的資產減損。若是持有與市場連動的機動利率型資產，則資產的價值應該就不會減損了。

第❻章
06
落入循環型信貸的利率陷阱

信用卡的還款方式之一是「循環借貸」。
如果使用不當，還款將永無止境。

信用卡的還款方式之一是「**循環型信貸**」，也與利率的運作機制息息相關。若不理解循環利息機制，便存在還款還不完的危險。循環型信貸的英文是「revolving credit」，語源為轉輪式彈巢、隨彈巢回轉可逐一發射子彈的左輪手槍（revolver）。**循環信貸是指每月支付預定金額，無論使用金額或次數**。循環信貸雖然可以區分為定額型或餘額變動（遞減／遞增）型*，但不論何者，只要尚有未清償的信貸餘額，就必須持續還款。

每月支付定額的循環信貸

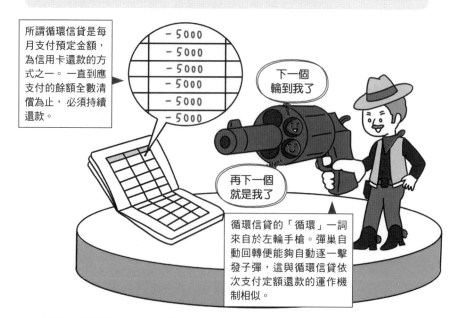

所謂循環信貸是每月支付預定金額，為信用卡還款的方式之一。一直到應支付的餘額全數清償為止，必須持續還款。

- 5000
- 5000
- 5000
- 5000
- 5000
- 5000

下一個輪到我了

再下一個就是我了

循環信貸的「循環」一詞來自於左輪手槍。彈巢自動回轉便能夠自動逐一擊發子彈，這與循環信貸依次支付定額還款的運作機制相似。

＊每月還款金額隨信貸餘額變動，通常餘額愈高，每月還款金額也愈高。

162

循環信貸每月支付的費用合計為預定還款金額+手續費。支付的手續費並不會反映在餘額上，必須注意支付的金額並不會全額從貸款餘額中減除。在循環信貸的狀況下，有時信用卡公司會向用戶表示「至今為止每個月都還款10,000元，由於尚未還款餘額已經減少，所以接下來每個月只要還款8,000元即可」。**或許消費者會因為支付額減少而略感安心，但由於每個月的支付額減少，將造成清償本金的腳步緩慢，因此延長了還清信貸的時間，導致總支付金額增加**。這也可以說是信用卡公司為了賺取更多利息收入的策略吧。相反的，當信貸餘額增加，每月支付金額中的手續費比例增加，無論支付多少錢，本金都很難減少。除非你有信心能不斷檢查和控制支付餘額，否則明智的做法應該是，盡可能避免使用循環信貸。

還款永無止境

例：花了30萬元購物，每月還款8,000元的循環信貸 （手續費率15%）

163

第❻章 07 超過上限的「超額利息」可請求退還

法律規定了借貸款時的利率上限。
超額支付可以向金融業者要求退還。

　　各位讀者是否曾在律師事務所的廣告等處，看過「**超額利息**」？借錢要支付利息理所應當，日本2010年頒布了《修訂貸款商業法》將年利率限制在15-20%（台灣情況請見6-6），因此以高於此利率上限的利率出借金錢的行為是違法的，在法律上屬於無效。換言之，借貸人不需要支付超過此一利率上限的費用。**超額利息是指支付超過此一上限的利息費用。這些原不必支付、但已支付的利息，可以向貸款的金融機構要求歸還。**

借款金額決定利率上限

利率上限因所借金額而異。未滿10萬圓，則利率上限為年利率20%。10萬日圓以上、未滿100萬日圓，則為年利率18%。超過100萬日圓，則年利率為15%。

年利率上限為18%

年利率上限為15%

年利率上限為20%

100萬日圓以上

10萬日圓以上～100萬日圓未滿

10萬日圓未滿

以超過法定利率上限借貸金錢的行為是違法的，借款方沒有支付超過上限部分利息的必要。超額支付的部分稱為「超額利息」，可以向借貸款項的金融機構要求歸還

利率上限因所借本金金額不同而異。未滿10萬日圓，利率上限為年利率20%。10萬日圓以上、未滿100萬日圓，年利率是18%。超過100萬日圓，則為年利率15%。這便是法定的利率上限。可以請求歸還超額利息的交易對象包含**消費金融**與信用卡。此外，也屬於借貸／放款業界的當鋪，則是依據日本《當鋪業法》來決定利率上限，所以不屬於上述法定利率的規範範圍。（台灣情況請見6-7）借款人將物品（典當品）抵押給當鋪，以此為交換借得金錢。原則上若經過3個月沒有還款，便會流當（典當品的所有權移轉為當鋪所有）。此種特殊的交易型態，基本上都是短期且小額，所以日本的上限年利率被設定為高額的109.5%。當流當發生時，借款人不用償還任何款項，是利率設定如此高額的原因。

當鋪的利率與其他借貸放款業者不同

在當鋪，借款人以所持物品（典當品）為抵押，交換借錢。原則上若3個月以內未歸還款項，典當品的所有權移轉為當鋪所有。以放棄典當品所有權為交換，借款人不用再償還任何款項。

我拿這個包包抵押，請借錢給我。

當鋪的年利率上限為109.5%。在法律上之所以允許比消費金融或信用卡交易更高的年利率，是因為典當交易基本上都是小額且短期，而且當鋪的物品鑑定、保管都需要成本，所以只要放棄典當品的所有權，借款人便不會再被追討款項。

活用高利率、低手續費的「純網銀」

若能善加利用沒有實體服務據點的純網銀，
便可受惠於高存款利率與低手續費。

利用銀行服務許多時候都會產生手續費。提領存款、轉帳都必須支付手續費。針對想要壓低這些費用的人，我建議使用**純網銀**。**與一般銀行不同，由於純網銀沒有租金與人事費用等所費不貲的實體店面，因此手續費較為便宜、存款利率的設定也高於一般銀行。**其中甚至有利率高於主要銀行10倍以上的純網銀銀行，請各位讀者務必調查評估相關資訊。（台灣情況請見6-8）

沒有實體服務據點的優勢

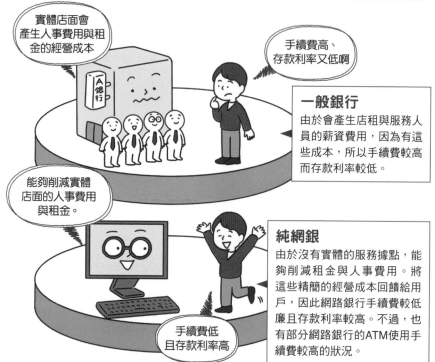

實體店面會產生人事費用與租金的經營成本

手續費高、存款利率又低啊

一般銀行
由於會產生店租與服務人員的薪資費用，因為有這些成本，所以手續費較高而存款利率較低。

能夠削減實體店面的人事費用與租金。

純網銀
由於沒有實體的服務據點，能夠削減租金與人事費用。將這些精簡的經營成本回饋給用戶，因此網路銀行手續費較低廉且存款利率較高。不過，也有部分網路銀行的ATM使用手續費較高的狀況。

手續費低且存款利率高

必須注意的是，由於沒有實體店面，所以純網銀沒有專用的ATM，部分狀況下使用ATM時的手續費會相對較高。依據純網銀不同設定，有免費使用ATM的次數上限，請各位讀者聰明善用這些服務。（台灣情況請見6-9）在今後的時代，「**金融科技**」（FinTech，活用IT技術的金融服務）將更進一步發展。活用技術的新型態金融服務，或許會讓我們的日常生活更為便利。

活用IT技術的新型態金融服務

金融科技
為金融（Finance）與技術（Technology）結合而成的新詞語，簡稱FinTech。
藉由導入IT技術，有望實現更為迅速、安全與低成本的金融服務。

FinTech的代表事例

無現金支付

加密資產

群眾募資

AI 投資建議服務

開發出新商品囉！

第❻章 09

透過年繳預付可以繳少一點

保險費、國民年金、NHK收視訂閱費等每月必須支付的項目，
若以年繳預付的方式支付，可以獲得優惠折扣。

日本若每個月都記帳，應該就會發現有保險費、水電等公共服務費等每個月都必須支付的項目。若在經濟上有餘裕的話，建議提前全額支付相關費用。保險、國民年金、部分稅金、NHK收視訂閱費等都可以設定「**年繳預付**」制度，透過提前預付款項可以獲得優惠折扣。例如，NHK收視訂閱費無線合約的月費為1,225日圓。12個月份，合計金額為1萬4,700萬日圓，不過若以年繳預付方式付清1年份則為1萬3,650日圓，可獲得1,050日圓的優惠折扣（自2023年10月起預計微幅調降）。（台灣情況請見6-10）

用年繳預付方式繳納需每月支付的項目

壽險
某家公司的壽險月繳保費金額為3,560日圓。年繳預付1年的保險費則為4萬1,880日圓。優惠折扣840日圓。

火災險
某家公司的火災險月繳保費金額為5,430日圓。年繳預付1年的保險費則為6萬2,100日圓。優惠折扣3,060日圓。

汽車保險
某家公司的汽車保險（非強制險）月繳保費金額為3,100日圓。年繳預付1年的保險費則為3萬5,400日圓。優惠折扣1,800日圓。

國民年金
國民年金的月繳保費金額為1萬6,590日圓。年繳預付（轉帳繳納）1年的保險費則為19萬4,910日圓。優惠折扣4,170日圓。

日本令和4年度的國民年金保險費月繳金額為1萬6,590日圓（※國民年金之保險費每年調整變動）。若1年下來保險費金額為19萬9,080日圓，不過若選擇以年繳預付方式繳納保費則減少為19萬4,910日圓，獲得4,710日圓的優惠折扣。若預繳2年份保費，則優惠折扣金額為1萬5,790日圓。**預先支付費用，能夠視為在提前支付的期間內，收取費用的一方獲得將預收款項作為資產投資運用的機會。**這正是利息運作機制的原點，所以藉由年繳預付，獲得相對應的優惠折扣再自然不過。

爲什麽年繳預付比較便宜？

好的，麻煩了

收取本月款項

多謝惠顧！

這個月也多謝惠顧！

如果提前支付3個月份的話，可以給您折扣喔！

非常感謝各位選擇預付款項！

真的嗎！？

這段期間能夠把這些資金拿來當成投資本金、加以運用！

提前預付未來將支付的款項，代表將預付期間內運用這些資金的機會轉讓給收取款項方，因此獲得對價（＝優惠折扣）很自然

10 利率仍維持高點！「旅遊券」、「百貨公司之友會」的儲備金

日本的旅行社、航空公司與百貨公司提供了高利率服務項目。
理解並掌握缺點後，善加運用吧。

　　由一般民間，而非金融機關提供的儲備金服務中，有些品項的利率出乎意料的高。其中，典型的例子是**旅遊儲備金**與**百貨公司之友會儲備金**。旅遊儲備金是由航空公司與旅行社提供的服務。這是為了旅行逐步累積資金的機制，客戶決定目標金額後，每月存固定金額。契約到期時，航空公司與旅行社會將服務金額加到客戶累計儲備的金額上。將上述金額換算為年利率約為3%，在低利率時代是很不錯的數字。而且與銀行存款的利息收入不同，這不會課稅也是優點。

每月儲備旅行基金

旅遊儲備金是由航空公司或旅行社提供的服務項目。決定目標金額後，每個月存固定金額。

目標30萬日圓，每月儲蓄金額為2萬4,600日圓喔

換算成年利率是3%，很划算喔

旅行券

到期時，客戶會得到相當於累計儲備金，加上服務金額的旅行券（或相當於該金額的旅費）。某些項目的利率相當於3%。

旅行儲備金是為了旅費而儲蓄，即使到期也僅能以這些公司的旅行券或旅費的形式，兌換該筆款項。另一方面，百貨公司之友會儲備金的情況是，若每個月儲蓄相同金額，累積滿1年之後可以領回原儲備金額，再加上相當於1個月份獎金的儲備金服務。不過，如同旅行券之於旅行儲備金，在百貨公司之友會儲備金制度下同樣無法領回現金。參與者僅能領到該家百貨公司使用的商品券。話雖如此，百貨公司之友會儲備機制換算為年利率高達13.3%。旅行儲備或百貨公司之友會儲備的使用範圍雖然受限，但高利率卻十分具有吸引力。不過要注意的是，此種儲備機制的缺點在於，當提供服務的公司破產時，無法保證消費者能否順利取回投入的資金。

以高報酬率取得商品券

百貨公司之友會儲備金是由百貨公司提供的服務，是每月儲蓄一定金額的存錢機制。

1年到期之後可以得到相當於儲蓄金額，加上1個月份獎金的商品券。
某些項目換算年利率高達13.3%。

如果每個月儲蓄1萬日圓，持續1年

OX百貨公司

商品券

會再多得到1萬日圓的獎金

旅遊儲備金或百貨公司之友會儲備金雖然無法直接以現金領回，但利率之高非常具有吸引力。

第❻章 11

何者更划算？「10%折扣」與「10%點數回饋」

10%折扣與10%點數回饋。
兩者都是10%，但其實價值有差。

　　家電量販店或折扣商店的零售店，在向消費者提供服務時，時而會有「10%折扣」或「10%**點數回饋**」等相當於降價的優惠方式。10%折扣是從售價扣除10%價款。而10%點數回饋，則是獲得相當於售價金額10%，可在該店使用的點數。雖然都是10%，但兩者有幾處不同。以結論而言，**前者的現金折扣較為划算**。

現金折扣比較划算

10% 折扣
10萬元電視，打9折是9萬元。10%折扣相當於獲得1萬元的現金回饋。

10% 點數回饋
買價格10萬元的電視，可以得到相當於1萬元的點數。若使用這些點數，可以購買1萬元的周邊設備。相當於以10萬購得價值11萬元的商品，換算折扣率則為9.1%，低於10%的現金折扣率。

若是回饋點數，各位讀者應該立刻會注意到點數只能在該商店使用的缺點。不僅如此，**折扣率**也有所差異。例如，以10%折扣購買價格10萬元的商品，由於是拿出9萬元購買10萬元的物品，折扣率如字面所示為10%。那麼，點數回饋呢？花費本身是10萬元，並附贈1張1萬元的優惠券。換言之，可以10萬元購得價值11萬元的商品。在此種狀況下的折扣率為9.1%，可知與10%折扣全然不同。**乍見相同的「折扣」與「回饋」，若以「多少支出獲得多少價值的物品」來思考，便能知道獲利是不同的。**

為何消費者會被點數回饋吸引？

除了回饋率低以外，點數回饋還有「點數僅能在該家商品使用」、「點數可能有使用期限」等缺點。

我想要集點

今天點數2倍！

點數2倍

我拿到好多點數，好划算！

點數翻2倍，趕快下手吧！

超市

集點與現金折扣不同，由於點數是隨手累積，不論何時都給人很划算的感覺。因此人們才會被點數回饋所吸引吧。

雖然現金折扣比較划算，消費者還是因為「點數2倍」而動心，甚至買下不必要的物品。

負利率會波及存款戶嗎？

2016年開始日本展開負利率政策。負利率政策雖是在日本央行與民營銀行間進行，但對一般存款戶也有影響。

　　日本中央銀行（日銀）自2016年開始推行**負利率**政策。日銀雖然仍接受民間銀行的存款，但其中部分存款的利率已設定為負值。如此一來，即使民間銀行將錢存入日本央行，也無法賺得利息收入，相反的卻仍然必須支付利息給存款戶。這麼一來，民營銀行便會積極的融資給企業與個人。換言之，負利率政策的主要目標是希望讓資金流入市場，活化經濟。日本負利率政策嚴格來說，僅止於規範日本央行與民營銀行之間的交易，暫時不太可能出現一般存款利率轉為負值的狀況。不過現實狀況是，影響還是可能波及一般存款戶。

把資金存入日本央行反而損失？

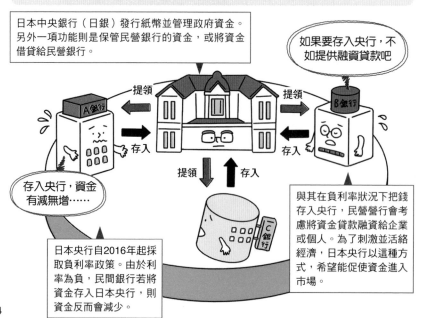

日本中央銀行（日銀）發行紙幣並管理政府資金。另外一項功能則是保管民營銀行的資金，或將資金借貸給民營銀行。

如果要存入央行，不如提供融資貸款吧

提領　　　　　　　　　提領

A銀行　　　　　　　　　B銀行

存入　　　　　　　　　存入

提領　　　存入

C銀行

存入央行，資金有減無增……

日本央行自2016年起採取負利率政策。由於利率為負，民間銀行若將資金存入日本央行，則資金反而會減少。

與其在負利率狀況下把錢存入央行，民營營行會考慮將資金貸款融資給企業或個人。為了刺激並活絡經濟，日本央行以這種方式，希望能促使資金進入市場。

在日本，若在非銀行營業時間去ATM提款時，多會產生手續費。（台灣情況請見6-11）不僅如此，存款戶每天都會向銀行支付各式各樣的手續費。若手續費的金額與項目今後將持續增加，扣除手續費後或許會落入實質負利率的狀況。例如，近來部分銀行似乎正在評估是否要導入「**帳戶維護管理費**」制度。光是保有並維持帳戶運作，便需以月或年單位支付維護管理費。這可以視為是因負利率政策而受到損害的銀行，正在尋求新收益的機會。負利率政策的影響，雖然暫時不會直接反映在一般的存款利率上，但為了彌補因此政策而減少的收益，銀行可能會採取各式各樣的手段。

因負利率導致銀行業務產生變化

負利率嚴格來說，僅止於日本央行與民營銀行之間的交易往來，難以想像一般的存款利率會立刻轉為負值。然而，一般存戶也可能間接受到銀行補償負利率政策帶來的利潤損失策略的影響。

請問您對投資信託有興趣嗎？

如果您只買一張保單的話，就是它了

提高銀行窗口的投資信託或保險銷售業務，對於彌補負利率導致的收益減少是必要作為。

在接受銀行服務時收取的手續費，金額和種類可能會增加。

部分銀行正在評估是否導入向帳戶存戶，收取管理費的「帳戶維持管理費」制度

第❻章

13

股票投資重視的「現金股利殖利率」

股票投資的報酬率可以區分為殖利率與益本比。
讓我們來掌握此兩種報酬率的差異吧。

　　在進行投資時，考量報酬率非常重要。所謂報酬率是指，相對於投資金額獲利的占比。股票投資上也有報酬率。**股票投資的報酬率可以區分為殖利率與益本比兩種**。股利是指企業在每個會計年度，將收益的一部分分配給股東。而現金股利殖利率，則是代表相對於投資金額（購入時的股價）、股東在1年間可以獲得多少現金股利的數字，以「每股年度現金股利÷股價×100」的計算公式求出。

顯示股票報酬比例的殖利率

公司當年度結算時，將部分收益分配給股東。分配的金額稱為股利。

公司
獲利了

哇！
太棒了！

請投資
我們公司

我來
買股票吧

公司支付股利
給股東

代表每股分配股利比例的「現金股利殖利率」，是顯示股票投資收益期待值的數字。
現金股利殖利率
＝每股年度現金股利
÷股價×100

投資人購買想要投資企業的股票。

176

益本比是將每股稅後盈餘除以股價後，再乘上100所得出的數字，代表股價的便宜程度（判斷股價便宜或昂貴的指標）。（台灣情況請見6-12）**所謂的便宜程度是表示「股價較企業實際價值更為低廉的可能性」。也就是說，藉由購買比實際價值便宜的股票，若股價上漲，則所得利潤將更為豐厚**。雖然可以透過檢視殖利率來判斷購買的股票可以獲得多少利益，但若想要知道企業本身是否具備何種程度的獲利能力，便必須一併確認益本比。除此之外，以百分比呈現一家公司自淨利中拿出多少金額作為股息分配的指標，則稱為**股利分配率**（股利政策）。日本企業長期以來，一直存在股利分配率較低的傾向，但隨著重視股東的美國思維方式傳播擴散至日本，近年來股利分配率有所提升。

顯示企業獲利能力的益本比

我們來進行評估

益本比代表一家公司每股賺了多少錢。企業的獲利能力能夠透過益本比來解讀。

請再提高股利分配率

企業會判斷，從稅後淨利拿出多少盈餘來分配給股東。
此一分配金額占淨利的比例稱為股利分配率（股利政策）。
傳統上日本企業的股利分配率較低，但此一狀況逐漸有所改變。
益本比＝每股稅後盈餘÷股價×100

14 試算房地產投資的報酬率

近來，不少上班族也開始進行房地產投資。
投資不動產時，必須計算報酬率。

在各式各樣的投資中，大家認為其中**房地產投資**較為穩健。所謂房地產投資，簡言之便是成為不動產的所有人。購買不動產，出租給第三方以賺取租金收入。我們往往認為，除非積蓄大量資金否則無法做到這一點，但進行房地產投資的一般上班族人數正在增加。若開始進行房地產投資，則與其他投資項目相同，必須要關注投資的報酬率。**毛報酬率代表租金收入相對於不動產購買價格（取得價格、投入本金）的比例。**

成為包租公、包租婆，賺取收益

從今天開始成為包租公！

所謂房地產投資，代表成為公寓或大廈樓層的所有人，並能夠藉此賺取租金收入。

在房地產投資的各項報酬率數字中，僅憑租金收入即可算出毛報酬率。
總報酬率＝年度租金收入÷投資金額×100

毛報酬率僅將租金收入納入報酬率的計算中，但在房地產投資中，還涉及其他成本與收益利潤。房屋所有人必須支付的成本，包括管理費與固定資產稅。（台灣情況請見6-13）而租金收入之外的收益，包括續約金[*1]等。**將上述所有成本和利潤納入考量後計算的是淨報酬率**。毛報酬率是將年度租金收入除以投資金額後，乘上100所得出的數字，而淨報酬率則是將**年度淨收益**除以投資金額後，乘上100所得出的數字。年度淨收益是從年度租金收入扣除各項成本與費用後，所得出的數字。當出售不動產物件時，也必須考慮物件增值或貶值。每年度的增值或貶值數字，也必須反映在當年度的年度淨收益中，由此計算出淨報酬率。

由淨收益計算出淨報酬率

在不動產的資產運用中，除了每個月的租金收入之外，還包括（新房客）入住時的禮金[*2]或契約更新時的續約金等其他收入項目。此外，也會產生為管理物業的管理費、固定資產稅等成本。

*1 此為日本慣習，費用通常相當0.5～1.5個月份之房租。是否收取決定地域、房東或物業管理公司。

*2 這是日本租屋慣習，於入住時由房客支付房東表達「謝禮」之費用，在東京通常相當於1個月房租，在大阪通常為2個月房租。

也有租金以外的收入喔

每個月也要支出每月管理費用與固定資產稅

這是我的禮金

這是我支付的續約金

以年度收入扣除各項成本與費用後，所得出年度淨收益來計算淨報酬率。
淨報酬率＝年度淨收益÷投資金額×100

第6章 15 導出「實質報酬率」來比較基金投資

將資產運用委託給專業經理人的基金。
在評估基金時，損益率等數值可作為參考依據。

　　基金是將聚集自眾多投資人的資金，交由專業經理人進行運用的金融商品。由於將資金的運用管理委託他人，因此自然需要準確、具體的確認報酬率。**基金淨值是評價基金投資的標準。基金淨值在基金投資上相當於股價，代表每單位基金的價格**。**損益率**顯示了金融產品價格的變化程度，也是判斷基金是否表現良好的重要指標。基金報告中也必然包含了損益率的資訊。

將匯集的資金交由專業經理人運用的基金

此種金融商品具有「可從少量金額開始」、「聚集大量資金進行資產管理，可進行多元化分散投資降低風險」、「由具備相關知識的專業人士，進行資產管理」等優點。由於基金評價基準基金淨值是公開資訊，可以說資訊透明度非常高。

我也要

我也要

我們會負起管理基金的責任

我要投資

我要投資

基金將聚集自眾多投資人的資金，交由專業經理人運用、管理。

損益率雖是與報酬率相似的指標，但也有所不同。股票報酬率通常是以1年為區間來計算，但基金的損益率是以1個月、3個月、6個月、1年、3年、5年等不同區間呈現（台灣情況請見6-14）。此外，在基金報酬率的計算上，也不能忘了手續費等成本。在申購基金時，會收取一定金額的手續費，為了基金的管理、運用等成本，也必須支付**基金管理費**。投資者在持有基金的期間，必須持續支付。**在計算基金的實質報酬率時，自經資產運用所得之獲利減掉基金經理費，再減去申購手續費（上述各項目皆為年度金額）後，所得出的便是年度收益**。以上述計算得出的實質報酬率，便可比較基金與其他的資產運用方式。

算出年化報酬率

這是基金的投資報告

OX基金

代表基金價格變化程度的損益率也會向投資人公開。1個月、3個月、6個月、1年、3年與5年期的損益率都會呈現在給投資大眾的報告書中。

減去申購手續費與基金經理費

應該能夠導出實質報酬率

在基金投資上會產生申購手續費與基金經理費（支付給資產管理／投資公司等相關機構的費用）等成本。減去這些成本後，便可計算出實質報酬率。

反映時代變遷的
各種稅目

　　在本書第17頁中曾介紹「出舉」制度為日本利率的起源，但也有另一種說法是，當權者強制向民眾出借種子並收取高額利率，此種特性延伸為後來的稅賦制度。

　　稅目隨時代變化而發生改變，日本目前約有50種稅目（台灣情況請見6-15）。在50種稅目中，所得稅與住民稅等與家庭支出密切相關的稅種為人所知，但也包含對大多數人而言，十分陌生的稅種。

　　例如「高爾夫球場利用稅」，這或許與平常不打高爾夫的人完全無關。此稅自是各地方自治單位訂定高爾夫球場的分類等級與徵稅標準，是地方稅的一

種。此外，還有利用溫泉設施時，必須支付的「入湯稅」，這項稅目尤其對外國觀光客來說，大家似乎總感到非常驚訝。

而說到與時代一起產生變化的稅種，不得不提到在過去，寵物也被課了稅金。到1982年為止，「犬稅」一直存在，也有地方自治單位依據犬種不同來訂定徵收的稅率標準。而至1879年為止都還存在的「兔子稅」，據說是為了抑制發生在明治時代初期的飼養兔子熱潮「兔子泡沫現象」而導入的稅種。

隨著全球化的進展和跨國境經濟活動變得司空見慣，也逐漸出現應建立國際共通稅賦規範的聲音。稅種和結構的變化可以說反映了當時的社會狀況。

結語

利率是解決
複雜資金問題的最佳夥伴

感謝各位讀者，從眾多書籍中選擇了《〔圖解〕地表最簡單的利率教科書》。

本書對於什麼是利率，整體經濟循環與利率變動之間的關係，以及如何在商業和日常生活中運用利率機制進行了基本解釋。若是您讀完本書，希望已經留意到，利率體系在涉及金錢的各種情況下，發揮重要作用。

投資熱潮不斷升溫、物價飛漲等與金錢相關的話題最近十分熱門。即使開始採取行動，希望「投資更厲害」、「想要早一步預測未來的商業總體環境」，但可能會發現自己在眾多資訊中，決策困難。在此種狀況下，請充分運用利率機制。

正如本書所介紹，利率與所有經濟指標息息相關，

並且具有比其他經濟指標「更快察覺變化」的特點。利率可以回答與金錢相關的問題和擔憂，例如「我現在應該選擇哪種金融產品？」或「未來物價會發生什麼變化？」等。

我衷心祝福，已掌握利率運作機制與活用方式的讀者們，能善用利率當成新生活的起點。

角川總一

KEY WORD 索引

數字

10 年期政府公債 ⋯⋯⋯⋯⋯⋯ 39

10 年期公債殖利率 ⋯⋯⋯⋯ 122

4K1B 圖 ⋯⋯⋯⋯⋯⋯⋯⋯⋯⋯ 68

一畫

一般公債盈餘 ⋯⋯⋯⋯⋯⋯⋯ 108

二畫

工業生產指數 ⋯⋯⋯⋯⋯⋯⋯ 144

四畫

中央銀行 ⋯⋯⋯⋯⋯⋯⋯⋯ 33,98

日本利率 ⋯⋯⋯⋯⋯⋯⋯⋯⋯ 138

公司債利差 ⋯⋯⋯⋯⋯⋯⋯⋯ 130

公司債殖利率 ⋯⋯⋯⋯⋯⋯⋯ 122

升息 ⋯⋯⋯⋯⋯⋯⋯⋯⋯⋯⋯ 107

毛報酬率 ⋯⋯⋯⋯⋯⋯⋯⋯⋯ 178

日銀的影響力 ⋯⋯⋯⋯⋯⋯⋯ 102

日銀短觀報告 ⋯⋯⋯⋯⋯⋯⋯ 144

少數派 ⋯⋯⋯⋯⋯⋯⋯⋯⋯⋯ 51

五畫

本金 ⋯⋯⋯⋯⋯⋯⋯⋯⋯⋯⋯ 24

平坦殖利率 ⋯⋯⋯⋯⋯⋯⋯⋯ 125

世界的中央銀行 ⋯⋯⋯⋯⋯⋯ 104

正常殖利率 ⋯⋯⋯⋯⋯⋯⋯⋯ 125

外國債券 ⋯⋯⋯⋯⋯⋯⋯⋯⋯ 65

市場機制 ⋯⋯⋯⋯⋯⋯⋯⋯⋯ 51

外匯市場 ⋯⋯⋯⋯⋯⋯⋯⋯⋯ 64

外匯行情 ⋯⋯⋯⋯⋯⋯⋯⋯⋯ 66

外幣存款 ⋯⋯⋯⋯⋯⋯⋯⋯⋯ 158

外幣匯兌 ⋯⋯⋯⋯⋯⋯⋯⋯⋯ 31

六畫

名目 GDP ⋯⋯⋯⋯⋯⋯⋯⋯⋯ 137

名目利率 ⋯⋯⋯⋯⋯⋯⋯⋯⋯ 57

先行指標 ⋯⋯⋯⋯⋯⋯⋯⋯⋯ 91

成長股 ⋯⋯⋯⋯⋯⋯⋯⋯⋯⋯ 63

存放款並存 48
年度淨收益 179
次級市場 82
次級房貸問題 79
安倍經濟學 102
百貨公司之友會儲備金 170
存款利率 47
存款保險制度 159
存款期間 29
年化報酬率 81
年繳預付 168

七畫

折扣 40
每百元價格 81
折扣率 173
良性升息 96
初級市場 82
利息收入 25,85
利息費用 25
利率 25
利率主導 59
利率敏感股 62
利率與債券價格的關係 86
私募債券 81

八畫

官方利率 52
房地產投資 178
房地產泡沫 70
股利分配率 177
固定利率 36,152
房貸 31
放款利率 47
定期存款 29
放款市場 33
拆款利率 33
長期利率 38
長短期利率差 134
股價主導 61
金融科技 167
金融機構存款帳戶 53

九畫

信用評等公司 ················ 112

負利率 ···················· 174

政府公債 ···················· 78

政府短期債券 ············· 108

重要人士談話 ············· 146

保留盈餘 ···················· 103

活期存款 ····················· 28

政策利率 ················ 33, 122

信貸週期 ···················· 126

負報酬 ······················ 88

既發債券 ····················· 82

風險偏好 ···················· 128

風險規避 ···················· 128

風險資產 ···················· 117

風險溢酬 ·············· 113, 136

十畫

家戶 ························· 116

益本比 ······················ 176

旅遊儲備金 ················· 170

財政赤字 ···················· 108

高科技成長股 ················ 63

財政部 ······················· 32

倒掛殖利率 ················· 125

財務槓桿 ···················· 128

財務緊縮 ···················· 128

借款 ·························· 62

消費者物價指數 ············· 145

消費金融 ···················· 165

純網銀 ······················ 166

通貨緊縮心態 ················ 55

通貨膨脹 ···················· 106

通貨膨脹率 ·················· 57

十一畫

進口商品 ····················· 66

帳戶維護管理費 ············· 175

基金 ························· 180

基金淨值 ···················· 180

基金管理費 ················· 181

現貨交易 ···················· 142

貨幣緊縮 ———————— 101

淨報酬率 ———————— 179

貨幣政策 ———————— 98

貨幣政策循環 ————— 126

貨幣寬鬆 ———————— 101

國債買回操作 ————— 53

貨幣政策會議 ————— 140

貨幣政策繩索理論 — 101

十二畫

單利 —————————— 34

殖利率 ———————— 176

殖利率曲線 ————— 124

惡性升息 —————— 96

違約 ———————— 112

提前消費 —————— 55

提前清償 ———————— 154

景氣先行指標 ————— 134

景氣晴雨表 —————— 133

景氣循環 ——————— 126

期貨交易 ——————— 142

短期利率 ——————— 38

貸款利率 ——————— 114

報酬率 ————————— 26

貸新償舊 ——————— 156

集點 —————————— 40

循環型信貸 —————— 162

超額利息 ——————— 164

十三畫

資本 —————————— 25

資本利得 ——————— 85

新台幣貶值 —————— 64

匯率 —————————— 66

資金需求 ——————— 114

資金短缺金融機構 —— 52

資金過剩金融機構 —— 52

資金循環統計 ————— 49

債券 —————————— 60

債券市場 ——————— 32

債券行情 ——————— 111

債券殖利率 —————— 79

匯率 ································· 66

新發債券 ····························· 82

節約 ································· 55

經濟指標 ····························· 72

經濟與物價情勢展望 ··············· 140

解讀景氣 ····························· 72

資產負債表 ·························· 154

零利率政策 ·························· 100

雷曼風暴 ····························· 70

預期通貨膨脹率 ····················· 136

預期實質成長率 ····················· 136

十四畫

對比的 ······························ 59

領先 ································· 90

複利 ································· 34

適格擔保品 ··························· 89

實質 GDP 速報 ······················ 145

實質利率 ····························· 57

十五畫

價值股 ······························ 63

價差結算 ···························· 142

調整適用利率 ·························· 39

十六畫

錯失收益風險 ······················ 160

機動利率 ······················ 36, 152

機械訂單 ···························· 145

機構投資者 ·························· 110

十七畫

點數回饋 ···························· 172

聯準會 ······························ 104

總報酬率 ····························· 85

十九畫

穩定功能 ····························· 46

關鍵貨幣 ···························· 105

主要參考文獻

《圖解 3 小時搞懂日常生活中的「利率」與「資金」》
（図解 身近な「金利」と「お金」のことが 3 時間でわかる本），角川總一　著

《利率無法提升時代的「利率」教科書》
（金利が上がらない時代の「金利」の教科書），小口幸伸　著

《利率「超」入門 為了守護你日常生活應該知道的事》
（金利「超」入門 あなたの毎日の生活を守るために知っておくべきこと），美和卓　著

《不好意思，什麼是利率？》
（すみません、金利ってなんですか?），小林義崇　著

《No.1 經濟學家告訴你，全世界最好懂的利率書》
（No.1 エコノミストが書いた世界一わかりやすい金利の本），上野泰也　著

《改訂版 看利率 好投資》
（改訂版 金利を見れば投資はうまくいく），堀井正孝　著

STAFF

編輯　　　丹羽祐太朗、細谷健次朗（G.B. 公司）
執筆協力　村澤讓、野村郁朋、龍田昇、崛江翼、三ツ森陽和、吉川 Haruka
本文插圖　shunbun

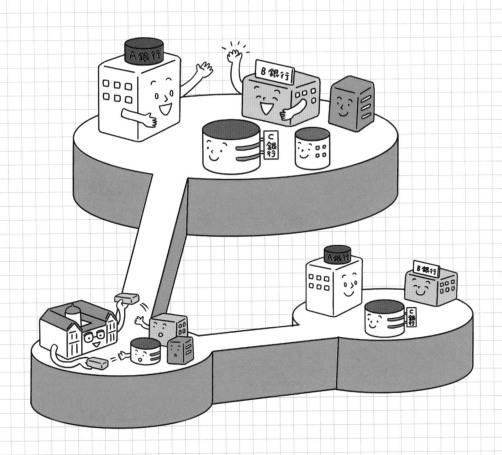

台灣情況附錄

序章 換上利率眼鏡，看到全新錢錢世界

序-1. 中國歷史上最晚的借貸業務應該發生在周朝。證據是《周禮》曾記載「凡賒者，祭祀無過旬日，喪紀無過三月。凡民之貸者，與其有司辨而授之，以國服為之息。」

意思是凡賒取錢物者，若是為祭祀不超過10天就要歸還；若是為喪事而賒取者，要在3個月歸還，都不收利息。凡民也貸取錢物者，同主管官一起辨別錢物並授予，按照國家規定的稅利來收取利息。

根據國立台灣大學經濟系名譽教授、中信金融管理學院講座教授林建甫先生指出，探究利率的歷史軌跡發現：許多朝代為了維護經濟秩序，通過法律手段來限制借貸利率高低。例如漢律規定，超過法定利率的行為叫「取息過律」；《大明律》、《大清律利》也有「違禁取利」規定。

參考資料：《受用一生的耶魯金融投資課》和〈貫穿千古歷史的利率爭論〉。

第 1 章 你應該知道的利率基礎

1-1. 查詢中央銀行全球資訊網「金融機構牌告利率資訊查詢專區」，可從銀行類別、銀行名稱、利率項目、性質、額度加以比較；也可透過「銀行利率查詢利率比較表TaiwanRate」類似網站，根據不同金額、固定與機動利率，比較銀行的活期利率、活期儲蓄利率。

第 2 章 與利率變化緊密相關的機制

2-1. 台灣習慣將此數值稱為「存放款利差」，可從中央銀行全球資訊網的「金融統計」頁面上的「存放款加權平均利率」來了解本國銀行、外商銀行、信用合作社、農漁會信用部的相關數值，此資料每季公布1次。

根據央行存放款加權平均利率統計，2023年第二季本國銀行存款利率連五升至0.96%，放款利率也連五升至2.34%，存放款利差放大到1.38%，存放款雙雙寫下2009年第二季、14年以來新高。

2-2. 從中央銀行全球資訊網的「五大銀行存放款利率歷史月資料」，可以查找從2001年1月到2023年10月，台銀、土銀、合庫、一銀、華銀、彰銀的歷史軌跡。

也可從債券櫃檯買賣中心債券市場資料的「殖利率曲線」，查詢從民國95年到112年的殖利率曲線，也可從財經M平方網站「台灣-10年期公債殖利率」等財經網站上查找台灣10年期公債殖利率的走勢。

第 3 章 利率選手代表！了解債券的運作機制

3-1. 根據櫃買中心資料顯示，台灣初級市場證券有7種：政府公債、金融債券、普通公司債、轉換公司債、附認股權公司債、新台幣計價外國債券、國際債券。

第 4 章 調控利率的參與者

4-1. 台灣中央銀行組織架構有1位總裁、2名副總裁。底下有中央造幣廠、中央印製廠、外匯局、國庫局等單位，並設有理事長與監事會。

根據《中央銀行法》相關規定，設置理事11-15人，監事會底下設置監事5-7人，由行政院報請總統指派。理監事會議全名為「中央銀行理監事聯席會議」，一年通常以季為單位，召開4次常會（2024年預定會議日期如下：3/21、6/13、9/19、12/19），有必要會召開臨時理監事會議。

理監事聯席會議後，依例隨即發布新聞稿並舉行記者會。自2017年第二季起，為利民眾了解央行貨幣政策，全程於YouTube影音平台舉行網路直播，並由總裁對外說明並回應媒體提問。會議召開會後6週公布「議事錄摘要」，供各界參考。議事錄摘要內容與新聞稿的最大差異，在於會批露具名貨幣政策的表決結果。

央行理監事名單：https://www.cbc.gov.tw/tw/cp-328-158109-2bbd4-1.html。

記者會影音檔存於「影音專區」：https://www.cbc.gov.tw/tw/lp-5242-1-xCat-004.html。

4-2. 台灣債務餘額可查詢財政部國庫署之「國債鐘資料」。截至2024年1月26日統計的最新資料顯示：中央政府債務未償餘額：1年以上58,788億元、短期2,491億元，合計61,279億元，平均每人負擔債務26.2萬元。

2023年8月朝野攻防財政議題時，財政部表示判斷一國國家債務是否嚴重，要看國家「控管債務」的成效及「償還債務」的能力。截至2022年底，從一般政府負債比率的數字來看，台灣優於G20主要國家。台灣數字為32.6%，僅高於俄羅斯、沙烏地阿拉伯、土耳其三國，其中日本數字最高是260.1%、美國是121.3%。

財政部國庫署國債鐘資料：

https://www.nta.gov.tw/singlehtml/17?cntId=nta_7906_17。

更多債務控管數據資料：

https://www.mof.gov.tw/debt/multiplehtml/5a2037cb22e54674b9de89fa7265c510。

4-3. 2023年行政院主計總處公布2021年的國富報告顯示，平均每戶資產淨值（不含人壽保險準備及退休基金準備，土地按市價重評價）為1,359萬元，年增率為8.06%，平均每戶較前一年增加101萬元。其中，因股市上漲，有價證券增加了70萬元為330萬元；現金與活期存款也增加23萬元，為238萬元。

更詳細資料：https://www.stat.gov.tw/News.aspx?n=2777&sms=10980。

第5章 將利率走勢活用於經濟趨勢

5-1. 台灣行政院主計處指出消費者物價指數（CPI）是重要經濟指標之一，計算此數字的主要用途有四：衡量通貨膨脹；調整薪資及合約價款；平減時間數列；所得稅法、遺產及贈與稅等法規應用。

可從每月、每年的CPI數字衡量一般家庭購買消費性商品及服務價格水準的變動情形，這也是看出相同所得下，貨幣購買力上升或下降的依據。

消費者物價指數的涵蓋範圍、分類、計算公式、查詢處可參照主計處資料：https://reurl.cc/WRW5jy。

第6章 日常生活中實用的利率機制

6-1. 台灣房貸一般可分為六大類型：指數型、固定型、階梯型、理財型、抵利型、保險型，依利率計算方式、特色、適用對象統整如下：

「**指數型**」房貸利率的算法是將「定存利率」（浮動）加上「加碼利率」（依個人條件訂出的固定利率），特色是利率透明，可透過預期長期利率波動而做出對自身有利的選擇。此為一般銀行提供最普遍的形式，適合固定薪資者。

「**固定型**」簽訂合約時，就將利率固定，好處是不受央行與市場波動影響，但目前市場上較少見，且通常利率高於指數型，同時若貸款期間想改成指數型房貸，須付出違約金。適合收入穩定者。

「**階梯型**」跟指數型的利率很類似，差異是，指數型採一段式計算，而階梯型如階梯般，償還金額前期比較低，之後分階段調高。一般分為三階段，有不同的利率高低。第一階段是寬限期，還息不還本，所以繳納的貸款較低，大約落在前幾年。第二階段是按月付息，需要繳納部分本金；借貸者可依自身能力，與銀行約定每月須攤還的本金金額。第三階段是依照本息平均方式攤還剩餘年數。此方案適合前期還款能力低者。

「**理財型**」房貸是指可將已償還的本金借出，但以日計息且利率比一般房貸高。適合需要靈活運用資金者。

「**抵利型**」房貸的特色是允許貸款者隨時還款再借出，銀行提供申貸者「房貸抵利活儲帳戶」，申貸者可將手上多餘的資金存入，銀行會將房貸金額扣除活儲帳戶金額來計算利息，因此能減少房貸利息的支出，但利率通常較指數型房貸高。適合需要靈活運用資金者。

「**保險型**」房貸也稱為「壽險型」房貸，將房貸與保單結合。是指貸款期間，申請人若因疾病或意外，導致身故或失能影響無法正常繳納房貸時，保險公司會將理賠的保險金，拿來償還剩餘的房貸。適合重視生命財產的貸款者。

資料來源：〈房屋貸款種類有哪些？ 5分鐘選擇最適合自己的房屋貸款〉、〈介紹六種最常見的房貸類型，搞懂房貸方案該選哪一種！〉、〈想買房「房貸」該怎麼選？一章圖秒搞懂6種常見房貸種類〉

另財政部主導的「青年安心成家貸款」雖額度不高，但有政府補貼，貸款利率低，新制（2023/8/1~2026/7/31實施）有3種方案利率：一段式機動利率、二段式機動利率、混合式固定利率。更詳細請參照「財政部國庫署」相關資料：https://www.nta.gov.tw/htmlList/71

最後，也可參照民間銀行網頁、房仲APP或「內政部不動產資訊平台」試算哪種利率方案最划算。

6-2. 依不同合約條件，貸款綁約年限不同，還款利率也不同。是否提前清償，除了考量是否有違約金之外，也需思考未來若需要增貸，是否會產生手續費或相關費用。

6-3. 除了民間銀行的房貸網站介紹之外，也可參照國立政治大學不動產研究中心的「貸款借新還舊評估」網站：https://rer.nccu.edu.tw/calc/loan。

6-4. 台灣也有雷同的產品，只是美金高利定存多半有門檻，通常有限定臨櫃新資金，或者採用行動銀行，且限時限量。

6-5. 中央存款保險股份有限公司表示，只要台灣民眾將錢存在掛有「存款保險標示牌」的金融機構下，不須繳付任何保險費，都可享有每一家金融機構存款保險最高額度300萬元的保障，而且「新台幣款」、「外幣存款」、「存款利息」都納入保障範圍。

可參考：https://www.cdic.gov.tw/main_deposit/faq.aspx?uid=59&pid=59。

6-6. 《民法》第205條規定「約定利率上限」為20%，因高於《銀行法》規定之現金卡或信用卡循環利率上限之15%，所以立法院於2020年底三讀通過《民法》第205條修正案，將法定年利率上限調降為16%，且已於2021年7月20日起施行。

6-7. 台灣《當鋪業法》第11條第2項規定，典當借款年利率最高不得超過30%。

6-8. 截至2024年2月底前，台灣有3家純網銀。有較高機率推出高活儲利率行銷短期專案，只是大多有存款上限、期間、新舊戶的相關限制。只要在網路上輸入高活存利率比較等關鍵字，就能查找許多相關文章。

6-9. 2024起，有純網銀的每月跨行轉帳免手續費次數從88次下調為30次，ATM跨行提款免手續費優惠次數仍維持5次，但後續是否延長，仍有待觀察。有純網銀每月跨行轉帳免手續費仍維持66次，全台ATM進行跨行提款時，可享每月6次提款免手續費優惠。於全台ATM辦理跨行存款時，可享每月1次跨行存款免手續費的優惠。

6-10. 台灣也可預繳預付勞保和國民年金，但並沒有折扣優惠。私人保險可以選擇年繳，保費參數會比半年繳、季繳、月繳便宜。同一公司所屬員工和家屬，也可跟保險公司交涉「集體彙繳」，類似團購概念可爭取到折扣。

資料來源：〈年繳、月繳保費公式大公開，三招教你省保費！〉、〈保費怎麼繳最划算？〉、〈保費年繳、月繳差很大！要怎麼繳最划算？〉。

6-11. 台灣通常以跨行為收費基準，並不像日本以營業時段當成收取手續費的基準。

6-12. 台灣實務上更常使用的股價指標為：本益比（Price-to-Earnings Ratio，PE ratio），即本書介紹益本比的倒數。計算公式是股價÷每股盈餘。本益比愈低，代表投資人能夠以相對較低價格購入股票。反過來說，本書內文所介紹的益本比愈高，則代表投資人能夠以相對較低的價格購入股票。

6-13. 台灣房屋所有人的支出成本是房屋稅和地價稅。

6-14. 台灣多數基金投資／投信公司網站並未精細區分二者，皆稱為報酬率。

6-15. 根據財務部說明，台灣徵目種類主要可分為國稅及地方稅。國稅由中央機關負責徵收，除關稅及進口的營業稅、貨物稅與菸酒稅由海關徵收外，綜合所得稅、營利事業所得稅、遺產稅、贈與稅、貨物稅、特種貨物稅及勞務稅（俗稱奢侈稅）、證券交易稅、期貨交易稅、營業稅及菸酒稅，是由財政部各區國稅局負責徵收；地方稅有地價稅、房屋稅、土地增值稅、契稅、使用牌照稅、娛樂稅、印花稅等，是由各地方稅稽徵機關負責徵收。

資料來源：https://www.etax.nat.gov.tw/etwmain/tax-info/understanding/tax-saving-secret。

【圖解】地表最簡單的利率教科書
想讀懂財經新聞、掌握經濟趨勢、投資理財不犯錯，你要先學會利率！

作者	角川總一
商周集團執行長	郭奕伶
商業周刊出版部	
總監	林雲
責任編輯	林亞萱
封面設計	Javick 工作室
內頁排版	陳姿秀
出版發行	城邦文化事業股份有限公司 商業周刊
地址	115 台北市南港區昆陽街 16 號 6 樓
	電話：(02) 2505-6789　傳真：(02) 2503-6399
讀者服務專線	(02) 2510-8888
商周集團網站服務信箱	mailbox@bwnet.com.tw
劃撥帳號	50003033
戶名	英屬蓋曼群島商家庭傳媒股份有限公司城邦分公司
網站	www.businessweekly.com.tw
香港發行所	城邦（香港）出版集團有限公司
	香港灣仔駱克道 193 號東超商業中心 1 樓
電話	電話：(852) 2508-6231　傳真：(852) 2578-9337
E-mail	hkcite@biznetvigator.com
製版印刷	中原造像股份有限公司
總經銷	聯合發行股份有限公司　電話：(02) 2917-8022
初版 1 刷	2024 年 3 月
定價	380 元
ISBN	978-626-7366-71-4（平裝）
EISBN	9786267366707（PDF）／ 9786267366691（EPUB）

KEIZAI NO UGOKI GA 100% WAKARU YOUNI NARU ! KINRI NO SHIKUMI MIRU DAKE NOTE
Copytight © SOICHI KADOKAWA
Original Japanese edition published by Takarajimasha, Inc.
Traditional Chinese translation rights arranged with Takarajimasha, Inc.
Through AMANN CO., LTD.
Traditonal Chinese translation rights © 2024 by Business Weekly, a Division of Cite Publishing. Ltd.

國家圖書館出版品預行編目 (CIP) 資料

【圖解】地表最簡單的利率教科書：想讀懂財經新聞、掌握經濟趨勢、投資理
財不犯錯，你要先學會利率！/ 角川總一著；方瑜譯. -- 初版 . -- 臺北市：城
邦文化事業股份有限公司商業周刊，2024.03
208 面；14.8×21 公分
ISBN 978-626-7366-71-4(平裝)
1.CST: 利率
562.32　　　　　　　　　　　　　　　　　　　　113002209

藍學堂

學習・奇趣・輕鬆讀